AUTOR *BEST SELLER* DEL N.

MAX LUCADO

con **BETSY ST. AMANT, JENNIFER K. HALLE,
ANDREA LUCADO** *y* **MARK MYNHEIR**

COMIENZA
con la
ORACIÓN

250 ORACIONES
DE ESPERANZA
Y FORTALEZA

GRUPO NELSON
Desde 1798

© 2023 por Grupo Nelson
Publicado en Nashville, Tennessee, Estados Unidos de América.
Grupo Nelson es una marca registrada de Thomas Nelson.
www.gruponelson.com

Este título también está disponible en formato electrónico.

Título en inglés: *Start with Prayer*

© 2022 por Max Lucado
Publicado por Thomas Nelson
Thomas Nelson es una marca registrada de HarperCollins Christian Publishing, Inc.

Algunas partes de este libro fueron adaptaciones de los siguientes títulos: *Pocket Prayers, Pocket Prayers for Moms, Pocket Prayers for Dads, Pocket Prayers for Friends, Pocket Prayers for Graduates, Pocket Prayers for Military,* y *Pocket Prayers for Teachers.*

A menos que se indique lo contrario, todas las citas bíblicas han sido tomadas de la Santa Biblia, Nueva Biblia de las Américas © 2005 por The Lockman Foundation. Usada con permiso, www.NuevaBiblia.com.

Las citas bíblicas marcadas «NTV» son de la Nueva Traducción Viviente, © Tyndale House Foundation, 2010. Usada con permiso de Tyndale House Publishers, Inc., 351 Executive Dr., Carol Stream, IL 60188, Estados Unidos de América. Todos los derechos reservados.

Las citas bíblicas marcadas «NBV» son de la Nueva Biblia Viva © 2006, 2008 por Biblica, Inc.® Usado con permiso de Biblica, Inc.® Reservados todos los derechos en todo el mundo.

Las citas bíblicas marcadas «RVA-2015» son de la Santa Biblia Reina Valera Actualizada, Copyright © 2015 by Editorial Mundo Hispano.

Traducción: *Belmonte Traductores*
Adaptación del diseño al español: *Deditorial*

ISBN: 978-1-40023-992-4
eBook: 978-1-40023-993-1
Audio: 978-1-40023-994-8

Número de control de la Biblioteca del Congreso: 2022936885

Impreso en Estados Unidos de América

23 24 25 26 27 LBC 5 4 3 2 1

CONTENIDO

TAMBIÉN DE MAX LUCADO:

INSPIRADORES

3:16
Acércate sediento
Aligere su equipaje
Al entrar al cielo
Aplauso del cielo
Como Jesús
Con razón lo llaman el Salvador
Cuando Cristo venga
Cuando Dios susurra tu nombre
Cura para la vida común
Dios se acercó
Él escogió los clavos
El trueno apacible
En el ojo de la tormenta
Enfrente a sus gigantes
En manos de la gracia
Gente común: perdidos y hallados
Gracia
Gran día cada día
La gran casa de Dios
Lecturas inspiradoras de Lucado
Más allá de tu vida
Max habla sobre la vida
Mi Salvador y vecino
No se trata de mí
Seis horas de un viernes
Sin temor
Sobre el yunque
Todavía remueve piedras
Un amor que puedes compartir
Y los ángeles guardaron silencio

FICCIÓN

La historia de un ángel
La vela de Navidad

LIBROS DE REGALO

El espejo de Dios
El regalo para todo el mundo
Esperanza. Pura y sencilla
Experimenta el corazón de Jesús
Gracia para todo momento, vols. I y II
Para estos tiempos difíciles
Promesas inspiradoras de Dios
Su gracia vive aquí
Un cafecito con Max

LIBROS INFANTILES

Buzby, la abeja mal portada
El corderito tullido
Flo, la mosca mentirosa
Hermie, una oruga común
Hermie y sus amigos del jardín
Hermie y Wormie en un
diluvio de mentiras
Por si lo querías saber
Stanley, una chinche apestosa
Webster, la arañita miedosa

BIBLIAS

(EDITOR GENERAL)
Biblia Gracia para el momento

RECONOCIMIENTOS

Ofrezco una oración llena de profunda gratitud y mi admiración personal por el equipo que ha aportado habilidad y creatividad excepcionales a este libro de oraciones:

Michael Briggs, Angela Guzman, Jennifer K. Hale, Andrea Lucado, Mark Mynheir, Betsy St. Amant, Karen Hill y Janene MacIvor.

Y gracias especialmente a todos los lectores que han orado por mí y mi familia a lo largo de los años. Ningún regalo es mejor que el regalo de sus oraciones. Eternamente agradecido.

INTRODUCCIÓN

M oisés oró, y las aguas del mar Rojo se separaron. Abraham oró, y la familia de Lot salvó su vida.

Elías oró, y cayó fuego del cielo.

Josué oró, y las murallas de Jericó se derrumbaron.

Nehemías oró, y las murallas de Jerusalén fueron reconstruidas.

Los discípulos oraron, y nació la iglesia.

La iglesia oró, y Pedro fue liberado.

Pedro y Cornelio oraron, y el evangelio llegó a todo el mundo.

¿Crees que suceden cosas cuando las personas oran? ¡Sí!

«¿Y no hará Dios justicia a Sus escogidos, que claman a Él día y noche? [...] Les digo que pronto les hará justicia. No obstante, cuando el Hijo del Hombre venga, ¿hallará fe en la tierra?» (Lucas 18:7-8).

«Además les digo, que si dos de ustedes se ponen de acuerdo sobre cualquier cosa que pidan aquí en la tierra, les será hecho por Mi Padre que está en los cielos» (Mateo 18:19).

«Esta es la confianza que tenemos delante de Él, que si pedimos cualquier cosa conforme a Su voluntad, Él nos oye» (1 Juan 5:14).

¿Hay alguna otra actividad espiritual que prometa tal poder? ¿Nos llamó Jesús a predicar sin cesar? ¿O a enseñar sin cesar? ¿O a tener reuniones de comités sin cesar? ¿O a cantar sin cesar? No, pero sí nos exhortó: «Oren sin cesar» (1 Tesalonicenses 5:17).

Dios se conmueve por un corazón humilde y que ora. «Ciertamente Dios se apiadará de ti a la voz de tu clamor. Cuando la oiga, te responderá» (Isaías 30:19).

Podemos hacer mucho después de orar. Pero no deberíamos hacer nada antes de orar. Comienza con la oración.

ORACIONES *por* CLARIDAD Y CREATIVIDAD

1

Porque Dios no es Dios de confusión, sino de paz.

1 CORINTIOS 14:33

Padre, tu amor es perfecto, y tus caminos son perfectos.

No puedo ni empezar a entender las profundidades de tu amor y tu sabiduría.

Ayúdame a ser sabio. Cuando necesite tomar decisiones, dame claridad y paz. Tú no eres un Dios de confusión, así que quiero oír solamente tu voz.

Por favor, dame tu paz al tomar decisiones. Mantenme lejos de los pensamientos confusos y cerca de tu perfecta paz.

Gracias por tu dirección y guía. Tú siempre provees para mí.

En el nombre de mi verdadero proveedor, amén.

2

Porque no nos ha dado Dios espíritu de cobardía,
sino de poder, de amor y de dominio propio.

2 TIMOTEO 1:7

Padre, tú eres todopoderoso, omnisciente y grandioso. Tú puedes mover montañas y hacer maravillas que superan mi imaginación.

Que tu presencia esté conmigo hoy cuando comience a tener miedo. Recuérdame que el temor no proviene de ti, y sustituye mi temor por paz, amor y dominio propio... por claridad.

Camina cerca de mis seres queridos hoy en la dirección por la que cada uno vaya. No permitas que sean vencidos por el temor o la duda; en cambio, llénalos de un sentimiento de tu amor.

Te agradezco que nunca tenga motivos para tener miedo, porque tú me has dado la fortaleza para enfrentar cualquier reto que se presente hoy.

Oro en tu nombre, amén.

3

Esfuérzate, sé valiente [...] no temas ni te acobardes,
porque el Señor Dios, mi Dios, está contigo.
Él no te fallará ni te abandonará.

1 CRÓNICAS 28:20

Padre celestial, tú eres el Señor de todo, el Dios todo-poderoso y eterno.

Mantente cerca de mí cuando enfrente cambios. Cuando nada parece estable, es difícil para mí. Dame fuerza y valentía en los tiempos de transición.

Permíteme verte liderando el camino. Que pueda confiar en ti, especialmente cuando siento incertidumbre.

Estoy muy agradecido de que incluso cuando todo a mi alrededor se siente inestable, tú estás ahí. Tú eres mi roca. Te doy gracias y te alabo por ello.

En el nombre de Cristo, amén.

4

*Por tanto, acerquémonos con confianza al trono
de la gracia para que recibamos misericordia, y
hallemos gracia para la ayuda oportuna.*

HEBREOS 4:16

Padre, tú escuchas cada oración, y ves cada rostro. Tú cuidas de tus hijos, incluido yo mismo.

En este día te pido claridad. Muy a menudo intento resolver las cosas por mis propios medios, pero ahora mismo dejaré de intentarlo. Te entrego mi vida.

Al entregarte mi vida, te entrego también las vidas de mis seres queridos. Ellos son tuyos. Ayúdalos a acercarse a ti con valentía para que puedan conocer tu gracia.

Gracias porque me has prometido ayuda en mi momento de necesidad.

En el nombre de Jesús, amén.

5

Pido que el Dios de nuestro Señor Jesucristo, el Padre de gloria, les dé espíritu de sabiduría y de revelación en un mejor conocimiento de Él. Mi oración es que los ojos de su corazón les sean iluminados, para que sepan cuál es la esperanza de Su llamamiento.

Efesios 1:17-18

Dios, tú eres bueno. El mal tiembla ante tu presencia. No es rival para tu poder y tu amor.

A veces me pierdo en los diversos roles que desempeño en la vida. Recuérdame hoy que mi identidad se encuentra en ti.

Recuérdale a mi familia que hay esperanza en tu llamamiento, que tienes un plan para cada una de sus vidas, y que este incluye amar a otros como tú nos has amado a cada uno de nosotros.

Gracias por el increíble privilegio de ser tu hijo. Qué gozo y amor traes a mi vida.

Oro en tu nombre, amén.

6

Y si a alguno de ustedes le falta sabiduría,
que se la pida a Dios, quien da a todos
abundantemente y sin reproche, y le será dada.

SANTIAGO 1:5

Dios, tú eres Jehová Jiré, el dador de todo. Cuidas de mí incluso antes de que te pida ayuda.

Tú me diste mis talentos. Cuando no me sienta inspirado y necesite nuevas ideas, vuelve a encender la pasión en mí. Dame sabiduría, y ayúdame a usar mi imaginación para crear maneras nuevas de alcanzar mi potencial. Permíteme ser un seguidor de Cristo eficaz al usar los dones que me has dado.

Ayuda al círculo de personas que me apoyan a encontrar sus talentos y usarlos bien. Que tu gloria brille en sus habilidades para que podamos celebrar el logro de nuestros esfuerzos a través de tu poderosa obra.

Gracias por los talentos que con tanta generosidad has derramado sobre mis amigos y sobre mí. Gracias por las habilidades que nos hacen ser distintos y hermosos ante tus ojos.

En el nombre de Jesús, amén.

7

La exposición de Tus palabras imparte luz;
da entendimiento a los sencillos.

SALMOS 119:130

Padre celestial, tú haces que todo exista mediante tu voz. Tú creas vida con tus palabras, y ellas llevan luz a la oscuridad.

Señor, trae luz a mi oscuridad en este día. El futuro a veces da miedo y está lleno de cosas desconocidas. Cuando mi mente se desvíe hacia pensamientos de ansiedad, ilumina un camino que me lleve de nuevo a la claridad y la paz.

Que tu luz entre en mi familia hoy y traiga entendimiento. Algunos de mis familiares aún están aprendiendo a confiar en ti, y no quiero que tengan miedo al futuro. Dales paz y una dirección clara hoy.

Gracias por responder a mis oraciones.

En el nombre de Cristo, amén.

8

El temor del Señor es instrucción de sabiduría,
Y antes de la gloria está la humildad.

PROVERBIOS 15:33

Mi Dios del cielo, te alabo, porque solo tú eres digno de alabanza.

Algunas veces me quedo demasiado atrapado en los detalles de mi vida. Ayúdame a recordar que no tengo ni idea de lo que ocurre en los hogares de mis compañeros de trabajo. Dame oídos para oír y ojos para ver. Permíteme aprender de ellos, y recuérdame que sus experiencias de vida, aunque son distintas a las mías, resultan valiosas.

Protege a mi familia laboral, Señor. Cuando salgan del trabajo, ve con ellos. Abre sus corazones para que podamos aprender los unos de los otros. Ayúdalos a conocer más que solo datos, ayúdalos a aprender valores y el principio de la sabiduría.

Gracias por todos mis compañeros de trabajo y sus familias.

En el nombre de Cristo, amén.

9

Añadan a su fe, virtud, y a la virtud, conocimiento;
al conocimiento, dominio propio, al dominio propio,
perseverancia, y a la perseverancia, piedad, a la
piedad, fraternidad y a la fraternidad, amor. Pues
estas virtudes, al estar en ustedes y al abundar,
no los dejarán ociosos ni estériles en el verdadero
conocimiento de nuestro Señor Jesucristo.

2 PEDRO 1:5-8

Dios poderoso, tú eres bueno. Tú ofreces fortaleza, conocimiento, sabiduría y misericordia en abundancia, y mi copa rebosa.

Quiero ser un seguidor de Cristo eficaz. Quiero transmitir no solo conocimiento a mis amigos, sino también tu amor, dejando que te vean a través de mi creatividad. Permíteme ser productivo en mi trabajo. Ayuda a mis compañeros a mejorar y sobresalir en su ardua tarea.

Bendice nuestra comunidad. Únenos y danos metas comunes. Ayúdanos a llevarnos bien y amarnos unos a otros, de modo que podamos trabajar bien juntos para servir a nuestra comunidad.

Gracias por ser amoroso y dadivoso. Gracias por derramarte en mi vida. Tu misericordia es mi fortaleza.

En tu nombre, amén.

10

Hay un tiempo señalado para todo,
y hay un tiempo para cada suceso bajo el cielo:
Tiempo de nacer, y tiempo de morir;
Tiempo de plantar, y tiempo de arrancar lo plantado;
Tiempo de matar, y tiempo de curar;
Tiempo de derribar, y tiempo de edificar;
Tiempo de llorar, y tiempo de reír;
Tiempo de lamentarse, y tiempo de bailar.

ECLESIASTÉS 3:1-4

Dios, tú eres el cronometrador supremo. Tú has trazado el plan perfecto para nuestra vida y conoces el número de nuestros días.

Ayúdame a discernir el momento oportuno: a conocer cuándo es tiempo de aplicar una firme disciplina en mi hogar y cuándo es tiempo de reír; a reconocer cuándo necesito un oído que escucha y brazos abiertos, y cuándo mi familia necesita consejos y sugerencias.

Ayúdame a recordar la importancia de estar dispuesto a aprender. Por favor, ayúdame a crear metas que sirvan de motivación.

Gracias por tus planes, porque son mejores que los nuestros.

En tu nombre eterno, amén.

11

Da instrucción al sabio, y será aún más sabio,
Enseña al justo, y aumentará su saber.

PROVERBIOS 9:9

Padre del cielo, tú eres la fuente de todo conocimiento, el proveedor de todas las cosas grandes y pequeñas.

Por favor, dame un mentor: alguien que pueda aportarme ideas y técnicas que me hagan ser un mejor trabajador. Recuérdame por qué escogí mi profesión. Dame un corazón dispuesto a escuchar y la capacidad de ser mentor de otra persona en el futuro.

A medida que otros se acercan a su retiro, bendice su trabajo. Inculca en ellos el deseo de ser mentores de trabajadores más nuevos y transmitirles sus estrategias y planes, ayudando a los nuevos profesionales a impactar las vidas de las generaciones futuras.

Gracias por la sabiduría de los maestros, mentores y consejeros con talento. Gracias por convertirme en un estudiante de por vida, buscándote a ti por encima de todo, Padre.

En el nombre de Cristo, amén.

12

El que pone atención a la palabra hallará el bien,
Y el que confía en el Señor es bienaventurado.

PROVERBIOS 16:20

Jesús, tu enseñanza instruye a mi corazón y mi alma. No hay nadie más grande que tú.

Haz que esté deseoso de escuchar a otros y aprender de ellos. A veces el desarrollo profesional parece innecesario, pero dame un corazón dispuesto a aprender y aplicar nuevas ideas a mi carrera para así poder crecer.

Dale a mi empresa la capacidad de ver cuándo los empleados necesitan más ánimo y ayuda, a fin de que nuestro negocio sea más fuerte.

Gracias por ser el ejemplo del líder supremo. Gracias por la misericordia y la gracia, y por mostrarnos el valor de vivir cada día caminando en las sendas que tú has establecido para nosotros.

En tu santo nombre, amén.

13

Y Dios puede hacer que toda gracia abunde para
ustedes, a fin de que teniendo siempre todo lo suficiente
en todas las cosas, abunden para toda buena obra.

2 CORINTIOS 9:8

Dios, a través de tus dones derramas tu amor inagotable sobre nosotros. Nos bendices para que podamos bendecir a otros.

Por favor, dame claridad de mente y una dosis extra de creatividad cuando me estoy enfocando en mis planes y proyectos de trabajo. Ayúdame a ver a cada persona como tú la ves: alguien único.

Dame un corazón para servir, energía para explorar nuevas ideas y sabiduría para seguir tu guía.

Gracias por bendecirme. Gracias por tu bondad y misericordia. Y gracias por cada día y cada lección de vida.

En tu nombre, amén.

14.

Caiga como la lluvia mi enseñanza, y destile
como el rocío mi discurso, como llovizna sobre el
verde prado y como aguacero sobre la hierba.

DEUTERONOMIO 32:2

Padre, tus palabras son el fundamento de la creencia de mi corazón. Tú eres la roca de la que dependo.

Ayúdame a mantenerme involucrado cada día captando mi atención, despertando mi curiosidad, alimentando mi deseo de aprender y fomentando la participación. Permite que tus palabras rieguen mi mente sedienta y tu amor me ayude a cultivar relaciones con otras personas.

Dame una pasión por el compromiso y el deseo de usar los dones que me has dado para marcar la diferencia. Ayúdame a usar palabras de ánimo para fomentar el crecimiento.

Gracias porque el Espíritu Santo capta mi atención mediante tu Palabra y porque tus promesas me cubren como una delicada lluvia.

En el nombre de Jesús, amén.

ORACIONES *por* CONVICCIÓN

15

*Pelea la buena batalla de la fe. Echa mano de la vida
eterna a la cual fuiste llamado, y de la que hiciste
buena profesión en presencia de muchos testigos.*

1 TIMOTEO 6:12

Padre, tú peleas por mí. Tú ganaste la batalla sobre el
pecado, y ahora reinas en mi corazón como el Rey
de mi vida.

Hay días en los que mis ojos se apartan de ti. Algunas
personas me presionan para que haga cosas que no quiero
hacer, y me resulta difícil decir no. Mantenme enfocado
en ti y en el propósito que tienes para mí.

Por favor, ayúdame a pelear «la buena batalla de la
fe». No dejes que me distraiga, sino ayúdame a mantenerme fuerte en tu Palabra.

Gracias por ser la Roca sobre la que puedo pararme.

En el nombre de Jesús, amén.

16

Por tanto, sométanse a Dios. Resistan, pues,
al diablo y huirá de ustedes. Acérquense
a Dios, y Él se acercará a ustedes.

SANTIAGO 4:7-8

Amado Dios, tú eres el creador de todo lo hermoso que hay en el mundo, incluyendo las montañas, los océanos, los ríos y las estaciones. Y sin embargo, quieres tener una relación conmigo, tu hijo.

Acércate a mí, Dios. Ponte a mi lado para que no tropiece con el pecado. Es fácil que eso suceda en este mundo caído.

Me preocupan las personas de mi familia que no te siguen y no parecen tener mucha fe. Por favor, recuérdales hoy tu amor.

Gracias por enviar a tu Hijo para que siempre podamos estar cerca de ti.

En el nombre de Jesús, amén.

17

*Permanezcan, pues, firmes, ceñidos con el cinturón de
la verdad, vestidos con la coraza de justicia y calzados
sus pies con la preparación para proclamar el evangelio
de paz. Y sobre todo, ármense con el escudo de la fe
con que podrán apagar todos los dardos de fuego del
maligno. Tomen también el casco de la salvación y
la espada del Espíritu, que es la palabra de Dios.*

EFESIOS 6:14-17, RVA-2015

P adre, tú eres verdad, justicia y paz. Contigo todo es
posible. No hay ningún problema tan grande que tú
no puedas resolver.

A veces me resulta difícil defender lo que creo. Nadie
a mi alrededor parece preocuparse por ti. Fortaléceme
cada día para vivir en tu verdad.

Te pido que estés con las personas que encuentre hoy,
especialmente con aquellos que no te conocen. Ayúdame
a modelarte en todo lo que haga.

Tu Palabra me asegura que eres mi proveedor.
Gracias por estar conmigo independientemente de
dónde me encuentre.

En el nombre de Cristo te lo pido, amén.

18

*Pues el mundo solo ofrece un intenso deseo por el
placer físico, un deseo insaciable por todo lo que
vemos, y el orgullo de nuestros logros y posesiones.
Nada de eso proviene del Padre, sino que viene
del mundo; y este mundo se acaba junto con todo
lo que la gente tanto desea; pero el que hace lo
que a Dios le agrada vivirá para siempre.*

1 JUAN 2:16-17, NTV

Amado Dios, tú eres santo y mereces toda la gloria. A veces no me siento seguro de mis creencias debido a las influencias que me rodean. Dame confianza en mi fe, Señor. No quiero ser como el mundo. Quiero ser como Jesús.

Oro por los líderes de nuestra iglesia. Cuando las personas acudan a ellos con dudas y preguntas, por favor, dales las palabras certeras que les animen.

Gracias por mi iglesia y las personas que me enseñaron a amar y creer en ti.

En el nombre de Jesús, amén.

19

Porque ¿busco ahora el favor de los hombres o el de Dios? [...] Si yo todavía estuviera tratando de agradar a los hombres, no sería siervo de Cristo.

GÁLATAS 1:10

Querido Padre, tú siempre eres el mismo. No importa lo que yo haga o diga, tu amor nunca cambia.

Perdóname por las veces en que me he avergonzado de mi fe cristiana. En ocasiones, deseo profundamente caerles bien a otras personas, pero sé que tú eres el único al que tengo que agradar, y sé que te preocupas por mí.

Por favor, dame la valentía para hablar de ti, ser osado en mi fe, amable con mis palabras y considerado en mis acciones.

Gracias por las bendiciones de mi vida. Son muchas. En el nombre de Jesús, amén.

20

Porque los que viven conforme a la carne, ponen la
mente en las cosas de la carne, pero los que viven
conforme al Espíritu, en las cosas del Espíritu.
Porque la mente puesta en la carne es muerte, pero
la mente puesta en el Espíritu es vida y paz.

ROMANOS 8:5-6

Dios, tú me das gracia cada día. Esta nunca se agota. Puedo contar con tu gracia por el resto de mi vida.

En los días muy ocupados y con muchos desafíos, ayúdame a enfocarme en todo lo que es pacífico, bueno y dador de vida.

Ayúdame a encontrar esperanza y paz cuando lea tu Palabra hoy. Guíame a leer escrituras en las que tú quieras que medite.

Gracias por el regalo de la paz.

Oro en el nombre de Cristo, amén.

21

Hijo mío, no te olvides de mi enseñanza,
Y tu corazón guarde mis mandamientos,
Porque largura de días y años de vida
Y paz te añadirán.
La misericordia y la verdad nunca se aparten de ti;
Átalas a tu cuello,
Escríbelas en la tabla de tu corazón.

PROVERBIOS 3:1-3

Querido Dios, tú eres el único juez. Tú eres quien conoce mi corazón de principio a fin.

Estoy aprendiendo muchas cosas nuevas en la vida. Permíteme considerar todas las cosas nuevas a la luz de tu Palabra y de quién quieres que sea yo. Escribe tu Palabra en la tabla de mi corazón.

Oro por mis familiares y amigos que no creen en ti. Muéstrales quién eres y lo mucho que los amas y te importan.

Gracias por cada verdad nueva que me revelas acerca de ti y tu creación.

En el nombre de Jesús, amén.

ORACIONES *por*
VALENTÍA

22

Nadie tiene un amor mayor que este:
que uno dé su vida por sus amigos.

JUAN 15:13

Dios, tú eres el guerrero supremo. Tus manos poderosas traerán verdadera justicia y paz al mundo en tu tiempo establecido.

Señor, creo en ti. Por favor, fortalece mi espíritu, mi mente y mi cuerpo para que pueda servirte bien y darle gloria a tu nombre. Recuérdame que estoy seguro en ti pase lo que pase. Capacítame para poner las necesidades de mis amigos y las personas que forman parte de mi vida por delante de las mías. Que te puedan ver a ti en mis acciones.

Por favor, dales paz y consuelo a mis seres queridos y amigos. Recuérdales que nuestras vidas están en tus manos de amor.

Gracias por fortalecerme y mostrarme el verdadero amor a través del sacrificio de tu Hijo.

En el nombre de Jesús, amén.

23

¿No te lo he ordenado Yo? ¡Sé fuerte y valiente!
No temas ni te acobardes, porque el Señor tu
Dios estará contigo dondequiera que vayas.

JOSUÉ 1:9

Señor, tu fortaleza y autoridad no tienen límites. Tú echas fuera todo temor, y llenas a tu pueblo de valentía y poder.

Ayúdame, Señor, a no sentirme atrapado y controlado por el temor. Cuando lleguen tiempos que me asusten, por favor, recuérdame que tú estás conmigo. Afianza mis ojos y mi corazón en tu promesa de que nunca me dejarás ni me abandonarás. Ayúdame a confiarte toda mi vida para que pueda vivir sin miedo o vacilación. Ve delante de mí como una luz; brilla en los lugares oscuros a los que pueda ser llamado a entrar.

Por favor, quédate con mi familia y elimina sus temores también. Confórtalos y dales paz cuando yo esté ausente.

Gracias por estar conmigo hoy y cada día. Estoy agradecido por tus promesas y tu guía.

En el santo nombre de tu Hijo, amén.

24

El Señor es mi fuerza y mi escudo;
En Él confía mi corazón, y soy socorrido;
Por tanto, mi corazón se regocija,
Y le daré gracias con mi cántico.

SALMOS 28:7

Padre, tú nunca nos dejas. Nunca nos abandonas. Tú eres el Dios que protege a su pueblo. Eres digno de toda alabanza y honor.

Confieso, Señor, que demasiadas veces confío en mi propia fuerza. Recuérdame que confíe en ti primero y por encima de todo. Ayúdame a poner toda mi fe y mi esperanza en ti como mi escudo y mi fuerza. Enséñame a orar y seguir a tu Espíritu y confiar en ti.

Cuando las cosas parezcan oscuras y abrumadoras, recuérdame que corra a tu refugio de protección, consuelo y amor. Enséñame a apoyarme en ti durante esos momentos.

Gracias por ir delante de mí en los tiempos de incertidumbre. Gracias por cubrirnos a mi familia y a mí con tu poder y tu verdad.

En el nombre de Cristo, amén.

25

Esfuérzate, y mostrémonos valientes por amor a
nuestro pueblo y por amor a las ciudades de nuestro
Dios; y que el SEÑOR haga lo que le parezca bien.

2 SAMUEL 10:12

Padre celestial, tú conoces los corazones y las intenciones de todas las personas, y tu justicia es perfecta e imparcial. Tus planes reinarán por encima de todo.

Anhelo la paz, pero prepara mi corazón para los tiempos difíciles que nos llegan a todos en la vida. Guía mi espíritu para que sea firme y valiente, de modo que pueda estar a la altura de esas dificultades y haga brillar tu luz sobre otros durante los tiempos difíciles.

Quiero ser valiente incluso cuando mi familia más cercana lo esté pasando mal. Ayúdalos también a ellos a entender y ser capaces de lidiar con los días difíciles. Reafírmales que el camino más seguro es seguir tu voluntad.

Gracias por el privilegio de ser tu hijo. Estoy muy agradecido por cada día y por el hecho de que tu amor es constante durante los altibajos de esta vida.

En tu nombre, amén.

26

Anhelo verlos para impartirles algún don espiritual, a
fin de que sean confirmados; es decir, para que cuando
esté entre ustedes nos confortemos mutuamente, cada
uno por la fe del otro, tanto la de ustedes como la mía.

ROMANOS 1:11-12

Padre misericordioso, tú eres el Gran Libertador y mi verdadera salvación. Tú separaste las aguas del mar e hiciste que tu pueblo lo cruzara en seco. Nada está más allá de tu alcance poderoso.

Ayúdame a recordar eso cuando enfrente desafíos, y dame la sabiduría para saber cuándo apoyarme en otros en busca de fortaleza y ánimo.

Gracias por las personas de mi comunidad que me dan la valentía para hacerle frente a cada nuevo día con determinación. Estoy particularmente agradecido por los mentores espirituales y líderes de la iglesia que has puesto en mi vida.

Por favor, protégelos a ellos y a todos mis amigos que defienden nuestras creencias. Bendice a las personas increíbles a quienes me has permitido llamar mi comunidad. Que siempre sea fiel a ti y a ellos.

En tu santo nombre, amén.

27

Aunque pase por el valle de sombra de muerte,
No temeré mal alguno, porque Tú estás conmigo;
Tu vara y Tu cayado me infunden aliento.

SALMOS 23:4

Dios, tú nos has dado al Consolador. Tú alivias las preocupaciones de tu pueblo. La muerte no tiene ningún poder debido a tu don de vida eterna a través del regalo redentor del sacrificio de tu Hijo.

Señor, si me encuentro desafiado por el mal, es mi oración que vayas delante de mí y levantes un vallado de protección a mi alrededor.

Estoy agradecido por el regalo de tu amor y cuidado. Gracias por estar conmigo cada día, en cada situación, mientras me esfuerzo al máximo por honrar mi compromiso contigo.

En el nombre de Jesús, amén.

28

Y oí la voz del Señor que decía: «¿A quién enviaré, y quién irá por nosotros?». «Aquí estoy; envíame a mí», le respondí.

ISAÍAS 6:8

Santo, santo, santo eres tú, Señor todopoderoso. Tú estás muy por encima de todas las personas. Que todos alaben tu nombre para siempre.

Aquí estoy, Señor; envíame a mí, no solo en mi trabajo, sino también en mi vida. No siempre he estado plenamente disponible para ti y tu voluntad. Por favor, perdóname y cambia mi corazón para que vaya donde tú quieras que vaya y esté donde tú quieras que esté. No quiero alejarme de ti en ningún aspecto de mi vida.

Permite que el espíritu de mi hogar sea valiente y fuerte en la fe.

Gracias por guiar mis pasos y ponerme donde me has puesto. Estoy agradecido por las oportunidades de servirte hoy, mañana y siempre.

En tu poderoso nombre, amén.

El Señor es mi luz y mi salvación;
¿A quién temeré?
El Señor es la fortaleza de mi vida;
¿De quién tendré temor?

SALMOS 27:1

Padre, tú eres la luz del mundo y la esperanza de todas las personas. Tú fortaleces a los que te siguen. ¡Eres nuestra esperanza y nuestra salvación!

Calma mis temores y preocupaciones en este día. Ayúdame a mantenerme enfocado en ti y en lo que es importante en mi vida. Me dejo atrapar en las preocupaciones por cosas pequeñas que realmente no importan, en especial a la luz de tu salvación. Ayúdame a descansar en tus promesas y a confiar en ti.

Ilumina el camino para mi familia hoy. Cuando empiecen a asustarse por las preocupaciones diarias, recuérdales que tú los amas y cuidas de ellos en todo momento.

Gracias por impedir que el temor y la preocupación opriman nuestras vidas. Estoy muy agradecido porque te interesas por las cosas pequeñas y también por las grandes.

En el nombre de tu Hijo, amén.

30

El Señor está cerca de todos los que lo invocan,
De todos los que lo invocan en verdad.

SALMOS 145:18

Amado Dios, tú eres el Alfa y la Omega, el principio y el fin de todas las cosas. Tú eres digno de toda alabanza y honor.

Aunque algunas veces me siento muy lejos de ti, ayúdame a saber que siempre estás a mi lado. Y ayúdame a clamar a ti de verdad y a buscarte con todo mi corazón. Estoy agradecido por no caminar por esta vida sin ti.

Atrae a mi familia cerca de ti hoy para que puedan sentir tu presencia. Ayuda a mis seres queridos a aprender a clamar a ti siempre. Enséñales a orar más y a confiar en ti.

Gracias por escoger estar con tu creación y por amarnos tanto. Te alabo por desear tener una relación con nosotros.

En el nombre de Jesús, amén.

31

Porque no me avergüenzo del evangelio, pues es el
poder de Dios para la salvación de todo el que cree.

ROMANOS 1:16

Señor, las personas son salvas solo mediante tu nombre. Tu amor infalible construyó el puente que nos lleva hasta ti. Tu amor lo conquista todo.

Ayúdame a ser valiente con mi fe y a no avergonzarme de seguirte, de modo que hable libremente de ti. Ayúdame a caminar con valentía y fe cada día, porque mi fortaleza y dependencia fluyen del Espíritu Santo. Provéeme oportunidades para compartir tu amor con mis amigos y compañeros de trabajo, y dame el corazón para mantenerme fuerte para ti. Enséñame a ser un ejemplo para mis hijos.

Bendice a mi familia, Señor, para que te conozcan y quieran hablarles a otros de ti. Dales entusiasmo y un gozo profundo al servirte. Llena nuestro hogar con tu fortaleza y valentía.

Gracias por fortalecer nuestros corazones y nuestra determinación de seguirte sin aprensión ni indecisión.

En el nombre de tu Hijo, amén.

32

«No por el poder ni por la fuerza, sino por Mi Espíritu», dice el SEÑOR de los ejércitos.

ZACARÍAS 4:6

Padre, por tu Espíritu el mundo fue creado y se sostiene. Por tu Espíritu lideras y guías a tu pueblo. Alabo tu santo nombre.

Al enfrentar obstáculos, temores y tentaciones, por favor, guíame a confiar en ti. Señálame escrituras que me den valentía y fuerza para enfrentar el día. Dame una actitud humilde para simplemente escucharte y seguir tu orientación.

Dirige a mi familia hoy. Muéstranos tu gracia amorosa y tu sabiduría. Protégenos y permite que tu paz recorra mi hogar mientras aprendemos a confiar en ti y no en nosotros mismos.

Gracias por enviar a tu Espíritu para guiarnos, consolarnos y protegernos. Gracias por amar a mi familia más de lo que yo podría hacerlo.

En el nombre de Jesús, amén.

33

Estas cosas les he hablado para que en Mí
tengan paz. En el mundo tienen tribulación;
pero confíen, Yo he vencido al mundo.

JUAN 16:33

Dios, tu paz sobrepasa todo entendimiento, y tus misericordias son nuevas cada mañana. Tu majestad fluye por toda la tierra.

A veces siento que mis problemas están a punto de abrumarme. Me siento atrapado por la preocupación y el temor. Ayúdame a tener tu paz y la seguridad de que tú ya has vencido todas mis preocupaciones. Perdóname por no confiar en ti como debiera. Afirma mi fe.

Camina hoy cerca de mi familia. Rodéalos con tus brazos, y calma sus corazones para que no les venza la ansiedad o el temor.

Gracias porque ya has vencido cualquier problema futuro, creyendo que estás listo para darme la fuerza que necesito cada día. Estoy profundamente agradecido por el ánimo que ofrecen tus promesas.

En el nombre de tu Hijo, amén.

34

Y sabemos que para los que aman a Dios, todas
las cosas cooperan para bien, esto es, para los
que son llamados conforme a Su propósito.

ROMANOS 8:28

Amado Dios, eres grande y poderoso. Tú planeaste y le diste propósito a cada momento de cada vida sobre la tierra. Tú lo sabes todo y lo controlas todo. ¡Eres Señor de todo!

Recuérdame hoy que cuando lleguen a mi vida cosas inesperadas, difíciles o incluso dolorosas, tú las habrás permitido para mi propio beneficio: con el fin de fortalecerme. Ayúdame a apreciar las dificultades y los retos, y a tener la actitud correcta hacia ellos.

A medida que mis hijos aprenden más sobre ti y tus caminos, ayúdalos a darse cuenta de que tú solo quieres lo bueno para ellos. Enséñales a orar y a caminar contigo tanto en los buenos tiempos como en los malos. Refuerza su fe en este día.

Gracias por entretejer los acontecimientos y las circunstancias en nuestras vidas para que encajen en tu plan maravilloso. Estoy agradecido de que tu plan incluya a mi familia.

En el nombre de Cristo, amén.

35

Cree en el Señor Jesús, y serás salvo, tú y toda tu casa.

HECHOS 16:31

Señor, tú eres omnisciente y todopoderoso. El cielo es tu trono, y la tierra es el estrado de tus pies.

A veces me pregunto si le estoy enseñando a mi familia acerca de ti como debería. Guíame a ser una persona piadosa para que pueda convertirme en el tipo de cuidador que tú quieres que sea. Derriba cualquier barrera que me impida ser esa persona.

Enséñale a mi familia que tus caminos son siempre lo mejor. Crea en cada uno de nosotros un deseo de seguirte, de modo que te amemos con todo nuestro corazón, toda nuestra mente, y toda nuestra alma.

Estoy muy agradecido por poder acudir a ti en nombre de mi familia. Gracias por cuidar atentamente de ellos y por guiarlos a ti.

En tu santo nombre, amén.

ORACIONES *por*
AMISTAD

36

Porque no nos ha destinado Dios para ira, sino para obtener salvación por medio de nuestro Señor Jesucristo, que murió por nosotros, para que ya sea que estemos despiertos o dormidos, vivamos junto con Él. Por tanto, confórtense los unos a los otros, y edifíquense el uno al otro, tal como lo están haciendo.

1 TESALONICENSES 5:9-11

Padre, mi relación contigo es la más importante de mi vida. Tú eres más importante que cualquier otra persona o cosa, pero me veo tentado a poner mis relaciones terrenales por delante de ti, Dios. Perdóname. Recuérdame ponerte a ti primero en mi vida siempre.

Ayúdame a dejar a un lado las cosas del mundo que me alejan de ti, Señor. Gracias por tu Palabra y por todas las maneras en que escucho tu voz cuando leo tu santa Palabra.

Gracias por crearme y querer tener una relación conmigo.

En tu nombre oro, amén.

37

Según cada uno ha recibido un don especial,
úselo sirviéndose los unos a los otros como buenos
administradores de la multiforme gracia de Dios [...] el
que sirve, que lo haga por la fortaleza que Dios da, para
que en todo Dios sea glorificado mediante Jesucristo.

1 PEDRO 4:10-11

Dios todopoderoso, te alabo por tu buen corazón hacia tus hijos. Incluso cuando fallo, tu amor nunca lo hace. Eres digno de ser alabado.

Ayúdame a pensar en mis motivaciones. Cuando sirvo a otros, que sea por una bondad genuina y no de manera egocéntrica, dándote a ti toda la gloria. Quiero servir de ejemplo y animar a otros a que hagan buenas obras. Ayúdame a mostrarles a mis amigos el amor y la humildad verdaderos.

Por favor, permanece con mis amigos a medida que se esfuerzan por vivir para ti. Ayúdalos a incentivarse unos a otros para hacer cosas buenas. Que sus corazones estén enfocados solo en ti.

Gracias porque tu amor por mí no depende de mis obras, sino solo de tu gracia. Gracias por mis amigos, que me recuerdan con su sabiduría y gozo tus muchas bendiciones. Estoy muy agradecido de que podamos trabajar juntos y darte gloria.

En el nombre de tu santo y precioso Hijo, amén.

38

El que anda con sabios será sabio,
Pero el compañero de los necios sufrirá daño.

PROVERBIOS 13:20

Dios todopoderoso, tú enviaste a tu Hijo como un ejemplo de amor, santidad y sabiduría. Te alabo por eso.

Ayúdame a reflejar tu amor y a abrazar la sabiduría que ofreces. Te pido que traigas amistades saludables a mi vida y me protejas de las relaciones que me alejarían de ti.

Lleva influencias positivas a las vidas de mis amigos. Equípalos para que se afilen unos a otros a fin de ser más como tú cada día.

Gracias por cuidar de cada aspecto de mi vida, especialmente de las personas que son parte de ella. Y gracias por seguir abriendo puertas hacia relaciones que te honren a ti.

En el nombre de Jesús, amén.

39

No se dejen engañar: «Las malas compañías
corrompen las buenas costumbres».

1 CORINTIOS 15:33

Padre celestial, te alabo por tu participación constante en mi vida. Tú nunca fallas en suplir todas mis necesidades y guiarme a la verdad.

En este día, necesito discernimiento con respecto a las amistades que permito en mi vida. Dame la sabiduría para saber qué relaciones aceptar y a cuáles renunciar.

Te pido que también guíes a mis amigos en esto. Protégelos de influencias negativas que pudieran alejarlos de tu presencia.

Gracias por ser un amigo constante. Incluso en las etapas temporales de soledad, tú estás conmigo. Estoy muy agradecido por tu presencia cuando otras relaciones están en transición.

En el nombre de Jesús, amén.

40

Y Él me ha dicho: «Te basta Mi gracia, pues Mi
poder se perfecciona en la debilidad». Por tanto,
con muchísimo gusto me gloriaré más bien en mis
debilidades, para que el poder de Cristo more en mí.

2 CORINTIOS 12:9

Amado Señor, solo tú eres digno. Eres el único que puede alcanzarme exactamente donde me encuentro. Tu gracia es lo único que en verdad necesito.

Algunos días batallo para aceptar esa verdad incluso aunque la creo. Necesito ayuda para aferrarme a ti cuando las circunstancias intentan convencerme de lo contrario. Dame sabiduría para entender tu poder, gracia y provisión en los días en que parecen estar fuera de mi alcance.

Ayuda a mis amigos a reconocer tu provisión aun en los tiempos difíciles. Que siempre sientan tu presencia, apoyo y amor. Derrama tu gracia en sus vidas y fortalécelos.

Gracias por suplir siempre mis necesidades, tal como tu Palabra promete. En los días en los que mi paciencia se agota y mi corazón se desmorona, tu gracia sigue siendo suficiente para cubrir todo el caos de la vida.

En el nombre de tu poderoso Hijo, Jesús, amén.

41

Ahora los encomiendo a Dios y a la palabra de Su
gracia, que es poderosa para edificarlos y darles
la herencia entre todos los santificados.

HECHOS 20:32

Amado Dios Padre, te alabo por quién eres. Tú eres generoso y compasivo con tus hijos.

Algunos días me siento perdido e inseguro. Ayúdame a acudir a tu Palabra y entender su verdad. Usa tu Palabra para edificarme y fortalecerme cada día.

Motiva a mis amigos a leer tu Palabra y comprometerse a memorizarla para que siempre tengan acceso a tus promesas. Dales el deseo de estudiar la Biblia juntos y fortalecerse unos a otros con tus enseñanzas.

Gracias por la Biblia. Gracias por las amistades que me animan a ser un estudiante de la Palabra y a comprometerme contigo.

En el poderoso nombre de Jesús, amén.

42

Los planes fracasan por falta de consejo;
muchos consejeros traen éxito.

PROVERBIOS 15:22, NTV

Dios Padre, te alabo por quién eres y lo que significas para mí. Tú eres muy bueno en todos tus caminos, y tu Palabra me dice que eres mi Admirable Consejero.

Te pido hoy sabiduría. Deja que fluya de mí y alcance a mis amistades. Ayúdame no solo a buscar el sabio consejo, sino también a prestarle atención.

Por favor, guía a mis amigos en sus caminos hoy. Ayúdalos a buscarte siempre. Que sus caminos sean rectos y seguros.

Gracias por estar constantemente presente en mi vida. Tu consejo es digno de confianza, y puedo descansar en él sabiendo que tú quieres lo mejor para mi vida. Estoy agradecido por los amigos que me animan con tu sabiduría y tu verdad.

Te lo pido en el nombre de tu Hijo, amén.

43

Es mejor ser dos que uno, porque ambos pueden
ayudarse mutuamente a lograr el éxito. Si uno cae,
el otro puede darle la mano y ayudarle; pero el que
cae y está solo, ese sí que está en problemas.

ECLESIASTÉS 4:9-10, NTV

Padre compasivo, todo lo bueno y todo don perfecto vienen de ti, especialmente las amistades que me has dado. Te alabo por tu atención a cada detalle de mi vida, incluidas las relaciones.

Quiero ser fuerte para mis amigos cuando pasen por pruebas y tormentas. Ayúdame a levantarlos y dirigirlos hacia ti en cada situación. Capacítame para reírme con ellos cuando se alegran y a llorar a su lado cuando pasen por situaciones difíciles.

Mis amigos han sido una bendición para mí. Te pido que les des fuerza para vivir sus días, sin importar la etapa en la que estén, y que guardes sus pasos. Si tropiezan, no dejes que caigan.

Gracias por el regalo de la amistad. Estoy muy agradecido por el gozo y la compañía que me brindan mis amigos. Tú nunca fallas en proveer justo lo que necesito, como personas que me acerquen más a ti.

En tu nombre misericordioso, amén.

44

El ungüento y el perfume alegran el corazón,
Y dulce para su amigo es el consejo del hombre.
PROVERBIOS 27:9

Amado Señor, tu presencia es como un dulce perfume que flota sobre mi vida. ¡Te alabo por tu bondad y provisión! Tú eres digno de ser alabado.

Te pido que me prepares hoy para que pueda ser un dulce aroma para mis amigos. Quiero bendecirlos así como ellos me bendicen continuamente. Ayúdame a ser consciente de sus necesidades y enfocarme en ellas, dejando a un lado mi propia agenda.

Equipa a mis amigos en este día para que descansen en tu presencia, quedándose ahí y siendo renovados en ti. Que encuentren un deleite pleno en tu amor hoy.

Gracias por la dulzura de la amistad. La risa y las charlas al anochecer refrescan mi espíritu y me llenan de gozo.

En el nombre de Jesús, amén.

45

Gócense con los que se gozan y lloren con los que lloran.

ROMANOS 12:15

Dios Padre, tú conoces cada cabello de mi cabeza y cada palabra antes de que salga de mi boca. Mis días estaban escritos antes de que yo naciera. Te alabo por el profundo conocimiento que tienes de mí. Sabes lo que me hace feliz, lo que me entristece y lo que me hace daño. Tú recoges mis lágrimas.

Ayúdame a no quedarme atrapado egoístamente en mis propias alegrías y tristezas, sino a ser un amigo que llora cuando mis amigos lloran y ríe cuando ellos ríen. Los vínculos se crean al compartir lágrimas y risas, y quiero ser un buen amigo.

Permanece con ellos cuando experimenten alegrías y también tristezas. Cuando estén llenos de gozo, que esa pasión rebose y fortalezca nuestra amistad. Cuando sufran, que puedan sentir tu presencia, y déjales saber que yo estoy ahí para lo que necesiten.

Gracias por los amigos que ríen conmigo, celebran conmigo y me animan. Gracias por esas conversaciones sinceras que nos acercan más el uno al otro y también a ti.

En el santo nombre de tu Hijo, amén.

46

El hombre se alegra con la respuesta adecuada,
Y una palabra a tiempo, ¡cuán agradable es!
PROVERBIOS 15:23

Amado Señor y Dios, tú eres el dador de las palabras. Te alabo por ese regalo. Me has bendecido con la capacidad de hablar a los corazones de mis amigos.

Que siempre recuerde que una palabra amable en el momento correcto puede darle esperanza a un amigo con un corazón roto. Domina mi lengua para que hable solo palabras de ánimo.

Ayuda a mis amigos a usar sus palabras con sabiduría y cuidado. Cuando se vean tentados a hablar sin pensar debido al temor, la duda o la ira, recuérdales que sean amables. Guía sus palabras para que puedan difundir gozo.

Gracias por los amigos que me levantan, me animan y me hablan con tu verdad. Gracias por proveerme tantos seres queridos que usan sus palabras para sanar y no para herir. Estoy muy agradecido por ellos.

En el nombre de Jesucristo, amén.

47

Nosotros que juntos teníamos dulce comunión,
Que con la multitud andábamos en la casa de Dios.

SALMOS 55:14

Padre celestial, me encanta ir a la iglesia para adorarte, aprender más de tu carácter y tener comunión con otros creyentes. Tú me has provisto de una comunidad de creyentes donde puedo crecer en tu gracia.

Permite que yo sea un dulce estímulo para mis amigos en la iglesia a fin de acercarlos a ti. Ayúdame a ser libre con mi adoración para que ellos también puedan tener el valor de expresarse libremente.

Ayuda a mis amigos a asistir fielmente a la iglesia y crecer a mi lado mientras te adoramos juntos. Ensancha y desarrolla su fe mientras aprenden más de ti.

Me encanta aprender acerca de ti mediante la comunión con mis amigos. Gracias por esa oportunidad y las amistades que me has dado en mi iglesia. Es un gran regalo poder adorar al lado de ellos.

En tu dulce nombre, amén.

48

*Porque aunque mi padre y mi madre me hayan
abandonado, el Señor me recogerá.*

SALMOS 27:10

Dios todopoderoso, tú eres una constante en mi vida. Te alabo por tu fidelidad. Aunque todos a mi alrededor me fallen, tú nunca lo harás. Siempre puedo contar con tu presencia.

Equípame para confiar en ti de maneras nuevas y más profundas. Ayúdame a liberarme de cualquier temor que esté cargando, y recuérdame que nunca me has dejado y nunca me abandonarás. A cambio, quiero ser alguien en quien mis amigos puedan confiar y de quien puedan depender siempre.

Bendice a mis amigos con tu presencia cuando luchen con la soledad. Sé tú la compañía que buscan. Persigue sus corazones y vuelve a asegurarles que nunca están solos, porque tú siempre estás ahí.

Gracias por el regalo de tu presencia constante. Gracias por el gozo de la amistad y la compañía que ofrece.

En el poderoso nombre de Jesús, amén.

49

En todo tiempo ama el amigo,
Y el hermano nace para tiempo de angustia.
PROVERBIOS 17:17

Padre celestial, tú eres la pura definición de amor. Te alabo por las muchas maneras en las que muestras tu amor por mí: por medio de la música, mediante tu creación, y a través de las personas que has puesto en mi vida.

Ayúdame a reflejar ese amor a otros, especialmente a mis amigos. Dame oportunidades para estar al lado de ellos en las buenas y en las malas, y para animarlos mediante abrazos, pequeños gestos de bondad y mensajes de esperanza, como ellos han hecho conmigo.

Fortalece a mis amigos en cualquier cosa que estén enfrentando. Ayúdalos a hacer brillar tu amor en cada circunstancia, incluso cuando hacerlo sea difícil o complicado. Dales todo lo que necesiten hoy, y provee para ellos una medida extra de gracia.

Gracias por la bendición de las amistades saturadas de tu amor. Estoy muy agradecido por no tener que navegar solo por la vida.

En el nombre de Jesús, amén.

50

Acercándose Jesús, les dijo: «...Vayan, pues, y hagan
discípulos de todas las naciones, bautizándolos
en el nombre del Padre y del Hijo y del Espíritu
Santo, enseñándoles a guardar todo lo que les
he mandado; y ¡recuerden! Yo estoy con ustedes
todos los días, hasta el fin del mundo».

MATEO 28:18-20

Padre celestial, te alabo por las oportunidades que tenemos para extender las buenas nuevas del evangelio. Tú eres muy amoroso y deseas que todos los habitantes del mundo oigan acerca de tu Hijo Jesús.

Ayúdame a asociarme con mis amigos para difundir la palabra acerca de la salvación y hablar sobre mi fe de forma clara y simple. Impúlsame a seguir adelante cuando dude en compartir tu amor con otros.

Dales a mis amigos valentía para compartir tu amor con los que no han escuchado acerca de ti. Provéeles claridad al hablar de ti, e inspíralos para ser testigos fuertes y motivados por el amor hacia tus hijos.

Gracias por la oportunidad de estar junto a mis amigos al hablarles a otros acerca de tu gracia.

En el nombre de Jesús, amén.

51

Pero los que esperan en el Señor
Renovarán sus fuerzas.
Se remontarán con alas como las águilas,
Correrán y no se cansarán,
Caminarán y no se fatigarán.

ISAÍAS 40:31

Dios de maravillas, te alabo por quién eres y por cómo cuidas de mí. Tú siempre me das fuerzas cuando soy débil, y perseverancia cuando siento que no puedo continuar. Eres muy bueno conmigo.

Dame piernas fuertes y determinación mientras corro esta carrera. Haz que siga avanzando incluso cuando el camino sea difícil e incierto. Alarga mis pasos de fe, y prepárame para continuar cuando tenga miedo o me parezca que lo he perdido todo.

Ayuda a mis amigos a encontrar su fortaleza en ti durante sus tiempos difíciles. Que puedan extender sus alas y volar a pesar de la adversidad. Renueva su energía todos los días, y dales tu paz y consuelo cuando les resulte difícil continuar.

Estoy muy agradecido por los amigos que corren a mi lado y me ayudan a perseverar.

En el precioso nombre de Jesús, amén.

52

No temas, porque Yo estoy contigo;
No te desalientes, porque Yo soy tu Dios.
Te fortaleceré, ciertamente te ayudaré,
Sí, te sostendré con la diestra de Mi justicia.

ISAÍAS 41:10

Padre celestial, te alabo por tu protección. El temor es una batalla real; sin embargo, tú me dices que el perfecto amor echa fuera el temor.

Me resulta fácil caer en la trampa del temor. Enséñame a confiar en ti. Tú eres mi fuerza y mi porción, y no tengo razones para tener miedo. No obstante, en esos momentos en los que el temor parece inevitable, equípame con una perspectiva clara y recuérdame que no tendré que enfrentar la situación solo.

Permanece con mis amigos y ayúdalos a encontrar valor en medio de sus temores. Capacítalos para luchar contra la depresión y el desánimo mediante tu fortaleza.

Gracias por ser mi héroe y mi protector. Tú eres mi red de seguridad en un mundo inseguro, y estoy muy agradecido de que siempre estés presente para mí. Gracias por los amigos que me animan a confiar en ti.

En el nombre de Jesús, amén.

53

El Señor te protegerá de todo mal;
Él guardará tu alma.
El Señor guardará tu salida y tu entrada
Desde ahora y para siempre.

SALMOS 121:7-8

Amado Dios, este mundo es muy incierto; sin embargo, tú eres bueno en medio de toda la maldad. Te alabo por tu amor y protección.

Cuando el mundo se vuelva especialmente oscuro, ayúdame a confiar en ti y buscar tu luz y no tener miedo de las sombras. Quiero recordar siempre cuán cerca estás de mí. Tú eres mi refugio. Ayúdame a animar a mis amigos y a los que me rodean con esa verdad.

Cuando mis amigos enfrenten pruebas (enfermedades, rupturas en sus relaciones o problemas económicos), recuérdales que tú controlas todo. Por favor, protege a mis amigos y mantenlos a salvo. Guarda sus pasos y todos sus caminos.

Gracias por tu protección, por ser una torre fuerte cuando sentimos que todo a nuestro alrededor se está derrumbando.

En el nombre de Jesús, amén.

54

Mi intercesor es mi amigo, y ante él
me deshago en lágrimas.

JOB 16:20, NBV

Señor Jesús, te alabo por tu fortaleza y protección. Cuando pienso en lo fuerte que eres comparado con lo débil que soy, me sobrecojo. Solo tú eres digno de alabanza.

Recuérdame enfocarme en cuán grande eres tú en lugar de en cuán grandes son mis problemas. Recuérdame que tú eres mi fortaleza, y que siempre estás ahí para que pueda correr hacia ti cuando la vida se pone difícil. Quiero descansar en tu protección y no estresarme por cosas que no puedo controlar.

La paz y el descanso vienen de ti. Recuérdales esto a mis amigos cuando estén tan débiles que no puedan seguir.

Gracias por amarme y protegerme. Tú eres mi ayuda cuando enfrento problemas, y estoy agradecido de no tener que navegar solo por la vida. Tú siempre estás conmigo, y me has dado amigos que caminan a mi lado en los valles de la vida.

En el nombre de Jesucristo, amén.

55

De manera que podemos decir confiadamente:
«El Señor es mi socorro, y no temeré.
¿Qué me podrá hacer el hombre?».

HEBREOS 13:6, RVA-2015

Príncipe de paz, me resulta fácil dejar que el mundo me abrume. Cuando veo las noticias, los titulares a menudo llenan mi día de temor. Pero en medio de todo eso, te alabo porque tú sigues controlándolo todo.

Recuérdame quién controla el universo. Recuérdame quién está sentado en el trono. No me dejes tenerle miedo a la gente o a sus planes malvados; en cambio, quiero aferrarme con fuerza a la verdad de que a ti nada te toma por sorpresa.

Por favor, protege a mis amigos y dales confianza en ti y tu fortaleza. Recuérdales que no tienen que tener miedo, sino que pueden confiar tranquilamente en ti, sin importar lo que esté ocurriendo en sus ciudades, lugares de trabajo o escuelas.

Gracias por cuidar de mis amigos y de mí. Gracias por los amigos que se preocupan por mí en los tiempos difíciles. Estoy agradecido por las conversaciones de corazón a corazón con ellos cuando el mundo parece más oscuro.

En el santo nombre de Jesús, amén.

56

Muchos hombres proclaman su propia lealtad,
Pero un hombre digno de confianza, ¿quién lo hallará?

PROVERBIOS 20:6

Dios Padre, tú eres confiable. Tú eres el único que nunca falla y jamás rompe una promesa. Eres digno de mi confianza. Y como puedo confiar en ti, me rindo a ti.

Quiero vivir de una manera que demuestre lo mucho que confío en ti. Quiero someterme a tu dirección en lugar de hacer mis propios planes.

Ayuda a mis amigos a ver que confiar en ti es siempre lo mejor. Resulta tentador a veces ir en contra de tu voluntad o tu plan, pero eso siempre produce sufrimiento y desastre. Protege a mis amigos de rebelarse contra ti, y dales corazones blandos que se acerquen a ti y se alejen siempre del mal que intenta devorarlos.

Gracias por tu Palabra y sus instrucciones para lidiar con los momentos de debilidad y tentación. Gracias por ser digno de mi confianza. Estoy muy agradecido por los amigos que me recuerdan que tu plan siempre es el mejor.

En el nombre de Jesús oro, amén.

57

Como el hierro se afila con hierro,
así un amigo se afila con su amigo.

PROVERBIOS 27:17, NTV

Padre celestial, eres muy bueno con tus hijos. Me encanta cómo usas cosas pequeñas en mi día para derramar luz sobre lo que estás haciendo tras bambalinas. Tú eres digno de ser alabado.

Cuando el hierro roza con otro hierro, se afila y se vuelve más eficaz. Ayúdame a afilar a mis amigos. Quiero ser de ayuda a fin de prepararlos para tus propósitos y tu reino. Quiero ser una herramienta de calidad en tus manos.

A veces, ser afilado puede resultar incómodo o incluso sumamente doloroso. Por favor, dales a mis amigos gracia durante esos tiempos difíciles. Ayúdalos a desarrollarse y crecer en gracia y verdad.

Te agradezco por darme amigos que me hacen ser una mejor persona, amigos que me ayudan a mantenerme afilado y enfocado en lo que más importa.

En el nombre de tu santo Hijo, amén.

58

Mejor es la reprensión franca
Que el amor encubierto.
Fieles son las heridas del amigo,
Pero engañosos los besos del enemigo.

PROVERBIOS 27:5-6

Señor Dios, sé que nos disciplinas porque nos amas. Gracias por revelarles tu corazón a tus hijos de esta manera. Tú has enviado amigos a mi vida para guiarme por el camino, y ellos son regalos de un valor incalculable para mí.

Cuando mis amigos me den consejos sabios, ayúdame a recibirlos con un corazón dispuesto. Ayúdame a no alejarme de su corrección e instrucción. Gracias por los amigos que me aman lo suficiente como para decirme la verdad incluso cuando no me resulta fácil escucharla.

Y por favor, ayuda a mis amigos a recibir sabiduría de mí. Fortalece nuestra amistad dándonos un corazón que siempre quiera lo mejor para el otro.

En el nombre de tu Hijo, amén.

59

Les exhortamos, hermanos, a que amonesten a
los indisciplinados, animen a los desalentados,
sostengan a los débiles y sean pacientes con todos.

1 TESALONICENSES 5:14

P adre, te alabo por tu paciencia hacia tu pueblo. Tú me has bendecido de muchas maneras a pesar de mi impaciencia.

Quiero confiar en tu tiempo y no intentar hacer las cosas por mí mismo. Cuando mis amigos batallen para ser pacientes, ayúdame a estar ahí para ellos y guiarlos a confiar en tu Palabra y tu tiempo oportuno.

Ayúdame a aceptar tu consuelo y tu fortaleza para que pueda transmitírselos a los seres que amo. Mis amigos necesitan tu consuelo, paciencia y guía. Permite que encuentren en ti todo lo que necesitan, y equípalos para ser instrumentos de consuelo, paciencia y sabiduría para otros. Recuérdales que a pesar del problema que tengan, nunca será demasiado grande como para no poder resolverlo juntos con tu guía.

Gracias por ser un ejemplo de amor, consuelo y paciencia. Estoy muy agradecido por los amigos que me demuestran cuán importantes son estos rasgos y me inspiran a ser mejor.

En el nombre de Jesús, amén.

60

El alborotador siembra conflictos;
el chisme separa a los mejores amigos.

PROVERBIOS 16:28, NTV

Dios grande, tú eres muy bueno conmigo. Las amistades saludables son un regalo que viene de ti, pero el enemigo quiere separar esas amistades con conflictos.

Te pido que siembres paz en mis relaciones. Cuando los chismes intenten dividirnos, dame discernimiento para ver el engaño del enemigo y detenerlo con una respuesta amable. Quiero hablar siempre de mis amigos como los tesoros que son y nunca destruirlos.

Ayuda a mis amigos a reconocer la gravedad del chisme en sus vidas. Te pido que protejas nuestras amistades de palabras desagradables, rumores y charlas maliciosas. Que las palabras de nuestra boca te glorifiquen y te honren.

Gracias por el tipo de palabras que mis amigos me dicen. Ellos me edifican con su compasión y ánimo, lo cual sé que es un regalo que viene de ti.

En el nombre de Cristo, amén.

61

El que se enoja fácilmente provoca peleas;
el que controla su enojo las apacigua.

PROVERBIOS 15:18, NBV

Amado Padre celestial, Jesús es el ejemplo supremo de paz ante la persecución. Él no se defendió ni se enojó cuando fue atormentado en la cruz. En lugar de eso, pidió perdón para sus perseguidores.

Ayúdame a hacer lo mismo. En lugar de enojarme, quiero seguir el ejemplo de Jesús y orar por los que me lastiman. Quiero imitar a Jesús y ser lento para la ira, especialmente con mis amigos y los que más amo.

Algunos de mis amigos luchan con su mal genio. Ayúdalos a sujetar su lengua cuando se vean tentados a dar una mala respuesta. Ayúdalos a recordar el ejemplo de Jesús.

Gracias por darnos la capacidad de escoger la paz en lugar del enojo. Gracias porque no tenemos que ceder a nuestros deseos naturales.

Estoy muy agradecido por los amigos que me entienden y me aman incluso cuando no paso por mi mejor momento.

En el nombre de tu precioso Hijo, amén.

62

Digamos siempre la verdad a todos porque nosotros
somos miembros de un mismo cuerpo. Además,
«no pequen al dejar que el enojo los controle».
No permitan que el sol se ponga mientras siguen
enojados, porque el enojo da lugar al diablo.

EFESIOS 4:25-27, NTV

Dios Padre, te alabo porque eres honesto. Tú no puedes mentir, y menosprecias la lengua mentirosa.

Quiero seguir tu ejemplo en esto. Quiero decir siempre la verdad, y hacerlo con amor. Ayúdame a resistir la urgencia de mentir cuando me sorprendan haciendo algo que no debería hacer. Y no quiero ser culpable de mentiras de omisión o mentiras para proteger los sentimientos.

Cuando mis amigos se vean tentados a mentir, dales valor para ser honestos. Por favor, guarda a nuestras amistades y permite que siempre estén edificadas sobre la verdad, porque nos amamos mutuamente y entendemos que mentir nunca ayuda en nada.

Gracias por ser un ejemplo de honestidad. Estoy muy agradecido por tener amigos que no tienen miedo a decirme la verdad.

En el nombre de tu Hijo, amén.

63

Busquen la paz con todos, y la santidad, sin la
cual nadie verá al Señor. Cuídense de que nadie
deje de alcanzar la gracia de Dios; de que ninguna
raíz de amargura, brotando, cause dificultades
y por ella muchos sean contaminados.

HEBREOS 12:14-15

Dios todopoderoso, te alabo por tu corazón de paz. Así como los padres anhelan que sus hijos se amen y se lleven bien, tú deseas que tu pueblo viva en paz los unos con los otros.

Ayúdame a no albergar amargura o rencor hacia mi familia o mis amigos, sino a ser un ejemplo en cuanto a mantener la paz y la santidad.

Permanece con mis amigos cuando luchen con la amargura y el rencor. Ayúdalos a librarse del resentimiento y buscarte a ti en lugar de buscar venganza. Recuérdales que persigan la paz en todas sus relaciones y no den lugar al enojo.

Gracias por los amigos que se sienten cómodos al decirme que están enojados conmigo para que podamos solucionar las cosas. Gracias por tu amor hacia nosotros y tus increíbles bendiciones sobre nuestras amistades.

En el santo nombre de Jesús, amén.

64

Entonces, ustedes como escogidos de Dios, santos
y amados, revístanse de tierna compasión,
bondad, humildad, mansedumbre y paciencia.

COLOSENSES 3:12

Padre celestial, eres muy paciente conmigo. Te alabo por tu paciencia hacia mí, por tratarme siempre con amor. Solo tú das esa paz que sobrepasa todo entendimiento.

Concédeme la gracia de poder mostrarles ese mismo amor a mis amigos. Ayúdame a ser paciente con ellos cuando discrepamos y a demostrar tu bondad y humildad cuando mi instinto sea demandar mi propio camino y mi propia opinión.

Ayuda a mis amigos a abrazar la paciencia y la paz. Cuando batallemos para llevarnos bien, danos las herramientas para solucionar nuestros problemas y así poder mostrarles tu amor a otros.

Gracias por llamarme tuyo. Gracias por los amigos que entienden que la vida se puede poner difícil y la irascibilidad puede surgir, pero que el amor entre los verdaderos amigos dura para siempre gracias a tu bendición.

En el nombre de tu Hijo, amén.

65

El Espíritu mismo da testimonio a nuestro espíritu
de que somos hijos de Dios. Y si somos hijos, somos
también herederos; herederos de Dios y coherederos
con Cristo, si en verdad padecemos con Él a fin
de que también seamos glorificados con Él.

ROMANOS 8:16-17

Padre celestial, te alabo por tu bondad y tu constancia con tus hijos. No lo merezco, pero me has hecho heredero con Jesús por tu gran amor.

Ayúdame hoy a recordar mi lugar. Cuando me sienta quebrantado y apaleado, recuérdame que soy un hijo de Dios. Cuando la verdad me parezca una mentira, ayúdame a no dudar, sino a aferrarme a tus promesas.

Recuérdales a mis amigos cuál es su posición ante ti. Cuando batallen, susurra sus nombres y reafírmales que algún día todas sus dificultades habrán valido la pena. Ayúdalos a ver que esta vida es temporal, pero la gloria eterna que les espera superará con creces los malos tiempos.

Gracias por llamarnos tus hijos cuando deberíamos ser siervos.

En el nombre del Rey Altísimo, Jesús, amén.

66

*Oigan ahora, ustedes que dicen: «Hoy o mañana
iremos a tal o cual ciudad y pasaremos allá un año,
haremos negocio y tendremos ganancia». Sin embargo,
ustedes no saben cómo será su vida mañana.*

SANTIAGO 4:13-14

Amado Señor, te alabo. Nada se escapa de tus manos.
Eres un Dios de organización y detalle. Tú lo sabes
todo, y conoces qué es lo mejor.

A menudo hago planes y me decepciono cuando esos
planes fallan. Ayúdame a confiar en tus planes y no en
mí mismo. Dame el deseo de acudir a ti en primer lugar
cada mañana y preguntarte qué es lo que quieres que
haga con mi día.

Ayuda a mis amigos a rendir sus días a ti. Ayúdalos
a ver que estás dirigiendo sus pasos y que eres el mejor
coreógrafo que podrían pedir. Recuérdales tu profundo
amor por ellos y tu atención a los detalles de sus vidas.

Gracias por cuidar de mis amigos y de mí. Gracias
por llegar siempre a tiempo.

En el precioso nombre de tu Hijo Jesús, amén.

67

Hijo mío, no te olvides de mi enseñanza,
Y tu corazón guarde mis mandamientos,
Porque largura de días y años de vida
Y paz te añadirán.

PROVERBIOS 3:1-2

Dios Padre, te alabo por tus leyes. Debido a mi naturaleza rebelde, no siempre guardo tus mandamientos. Sin embargo, tus leyes son buenas y son para mi bien.

Ayúdame a no menospreciar nunca tus mandamientos. Quiero ser obediente a tu Palabra. Sé que cuando lo sea, experimentaré gozo y bienestar en mi alma. Fortaléceme para que ponga en práctica ese deseo de agradarte.

Permanece con mis amigos cuando se vean tentados a pecar contra ti. Recuérdales que guardar tu ley no es solo una buena idea, sino que es vida y paz. Muéstrales cómo mejorarán y prosperarán cuando te sigan y te obedezcan.

Gracias por tus leyes. Tus enseñanzas siempre me guían a lo que es mejor. Tus mandamientos me protegen de mí mismo.

En el dulce nombre de Jesús, amén.

68

Pon en manos del Señor todo lo que haces,
y tus planes tendrán éxito.

PROVERBIOS 16:3, NBV

Amado Dios Padre, te alabo por tu plan para mi vida. Tú eres el Dios de todo el universo; sin embargo, eres muy bueno conmigo y te interesas por los detalles de mi vida.

Ayúdame a encomendarte mis días y cada detalle de ellos para que camine contigo y no por mi propia cuenta. Quiero que ordenes mis pasos para que mi mente esté tranquila.

Ayuda a mis amigos a confiar en que tú también estás obrando en sus vidas. Es mi clamor que se esfuercen por honrarte con cada parte de sus días. Cuando encomienden a ti sus pasos, dales paz y certeza de mente. Provéeles claridad para que no tengan que vagar sin rumbo, sino en cambio vivan con propósito.

Gracias por darme amigos que caminan conmigo en esta senda de la vida. Espero con anhelo todas esas celebraciones y momentos alegres que compartiremos.

En el nombre de Jesús, amén.

69

Y mi Dios proveerá a todas sus necesidades,
conforme a sus riquezas en gloria en Cristo Jesús.

FILIPENSES 4:19

Amado Padre celestial, tú eres el dueño de todo el
ganado sobre mil colinas. Tú provees misericordio-
samente para todas las necesidades de tus hijos. ¡Te alabo
por tu provisión!

Tengo que acordarme de esto cuando me desanime
con respecto a mi economía. Ayúdame a no estresarme
por el saldo de mi cuenta bancaria, sino a recordar que
tú eres el dueño de todo y cuidas de mí.

Recuérdales a mis amigos que pueden confiar en tu
provisión. Guárdalos de sentir desesperanza cuando las
facturas se acumulen o reciban llamadas de los cobrado-
res. Haz que confíen en ti incluso cuando parezca que su
situación no tiene salida.

Gracias por proveer en el tiempo oportuno. No debo
dudar nunca ni preocuparme por si estarás conmigo o
no. Aunque las cosas no tengan sentido en el momento,
sé que tú tienes un buen plan.

En el nombre de tu Hijo, amén.

No se preocupen por su propio bien,
sino por el bien de los demás.

1 CORINTIOS 10:24, NTV

Amado Dios del cielo, te alabo por quién eres y por los ejemplos que nos das en tu Palabra. Nos enviaste a Jesús como el ejemplo perfecto de abnegación y amor celestial en la tierra.

Es fácil quedarme atascado en mis propias luchas y olvidarme de poner a otros primero. Aparta de mi corazón el egoísmo, y prepárame para poner los intereses de mis amigos por delante de los míos. No permitas que me olvide de ministrar a otros en sus luchas.

Bendice y fortalece a mis amigos. Dales una medida extra de tu amor, paz y gozo en medio de sus pruebas. Ayúdanos a bendecirnos los unos a los otros con actos de servicio y bondad.

Gracias porque mediante la obra de tu Espíritu Santo haces posible lo que parece imposible: ser altruista.

En tu nombre te lo pido, amén.

71

El hombre de muchos amigos se arruina,
Pero hay amigo más unido que un hermano.

PROVERBIOS 18:24

Abba Padre, tú eres bueno con tus hijos. Hay muchos que ya no tienen a sus padres terrenales, y tú desempeñas ese rol con tu amor. Te alabo por la forma en que cuidas específicamente de cada uno de tus hijos.

Quiero ser ese tipo de amigo que es más unido que un hermano. Ayúdame a suplir las necesidades de esos amigos que me has confiado para que esté a su lado de una forma completa y pura. Ayúdame a ser el hermano que quizá sientan que les falta en su vida.

Oro para que mis amigos aprecien tu profundo amor por ellos. Si no tienen familiares terrenales, recuérdales tu provisión y tu cuidado. Que te acepten como su Padre.

A veces la familia no es de nacimiento, sino que se escoge. Gracias por las amistades que significan tanto para mí como la familia.

En el nombre de Jesús, amén.

*El amor es paciente, es bondadoso. El amor no tiene
envidia; el amor no es jactancioso, no es arrogante. No
se porta indecorosamente; no busca lo suyo, no se irrita,
no toma en cuenta el mal recibido. El amor no se regocija
de la injusticia, sino que se alegra con la verdad. Todo
lo sufre, todo lo cree, todo lo espera, todo lo soporta.*

1 CORINTIOS 13:4-7

Amado Jesús, tú fuiste y siempre serás el ejemplo supremo del amor verdadero. Te alabo por tu amor por mí incluso cuando no es fácil amarme.

Quiero amar de forma pura y simple. Quiero alegrarme con mis amigos cuando estén felices, creer en ellos cuando fallen, y siempre esperar lo mejor para ellos. Prepárame para hacer eso en tus fuerzas.

Ayuda a mis amigos a encontrar el verdadero amor en ti. Ayúdalos a alinear su corazón con el tuyo y ser llenos de amor para que puedan derramarlo sobre otros. Y ayúdame a reflejar tu amor.

Gracias porque tu amor nunca se acaba. Gracias porque tengo amigos que me demuestran amor cada día, ya sea mediante un mensaje de texto en el momento indicado, un comentario divertido en las redes sociales o un gran abrazo.

En tu precioso nombre, amén.

73

*Por tanto, si estás presentando tu ofrenda en el altar, y
allí te acuerdas que tu hermano tiene algo contra ti, deja
tu ofrenda allí delante del altar, y ve, reconcíliate primero
con tu hermano, y entonces ven y presenta tu ofrenda.*

MATEO 5:23-24

Amado Dios del cielo, te alabo por tu corazón perdonador. Tú eres el Dios no solo de las segundas oportunidades, sino también de las terceras, cuartas y quintas. Aunque no lo merezco, tu amor me cubre y tu perdón me deja blanco como la nieve.

No quiero guardarles rencor a desconocidos, familiares o mis mejores amigos. Enséñame a perdonar libremente.

Ayuda a mis amigos a perdonar con facilidad. Cuando yo los lastime, ayúdalos a perdonarme. Cuando otros les hablen con dureza o les hagan algún mal, recuérdales a mis amigos que el perdón es la clave para la verdadera libertad.

Gracias por ser un ejemplo de perdón. Cuando sienta que es demasiado difícil perdonar a alguien, solo tengo que pensar en tu sacrificio para darme cuenta de que es posible por medio de ti.

En el nombre de Jesús, amén.

74

Porque donde están dos o tres reunidos en Mi
nombre, allí estoy Yo en medio de ellos.

MATEO 18:20

Querido Jesús, tú eres suficiente. Eres lo único que necesito en esta vida. Sin embargo, tú también nos bendices con amistades y amor humano. Te alabo por proveer una comunidad y un compañerismo.

Recuérdame que hay poder en los números. Ayúdame a no retirarme cuando me desanime; en cambio, incítame a ser vulnerable y franco con mis amigos, y a invitarlos a ser parte de mi herida o dolor. ¡Tu Palabra promete que cuando oramos juntos, suceden cosas!

Recuérdales a mis amigos que nunca están solos. Ayúdalos a ser valientes a la hora de admitir su necesidad de ti y otras personas. Y ayúdalos a pedir oración sinceramente.

Gracias porque nunca me dejas solo, y gracias por amarme a través de mis amigos. Por medio de ellos, a menudo siento tu presencia de maneras nuevas.

En tu nombre oro, amén.

75

Para el abatido, debe haber compasión
de parte de su amigo;
No sea que abandone el temor del Todopoderoso.

JOB 6:14

Amado Padre celestial, te alabo por tu atención hacia mí cuando paso por tiempos dolorosos. Tú nunca me dejas, sino que sigues mostrándome tu gran amor en los días más oscuros.

Cuando la vida va bien, recuérdame que mis amigos quizá estén luchando con las sombras. No dejes que me quede tan atrapado en mi propia vida que me olvide de orar por ellos y cuidarlos.

Anima a mis amigos hoy en medio de sus dificultades y pruebas. Ayúdalos a mostrarles a otros el tipo de amistad que quieren recibir. Recuérdales que sean amables en todas sus relaciones y no amigos que están ahí solo cuando las cosas van bien.

Gracias por los amigos que suplen mis necesidades, por los amigos que celebran conmigo cuando me ascienden en el trabajo y tengo nuevas relaciones, y por los amigos que se duelen conmigo cuando sufro despidos o rupturas.

En el nombre de Jesús, amén.

76

Más valen dos que uno solo,
Pues tienen mejor pago por su trabajo.
Porque si uno de ellos cae,
el otro levantará a su compañero;
Pero ¡ay del que cae cuando no hay otro que lo levante!

ECLESIASTÉS 4:9-10

Padre, no nos creaste para estar solos. Tú estás conmigo. El Espíritu Santo está conmigo, y me has bendecido de muchas maneras.

Sin embargo, hoy me siento solo. Me siento perdido, y quiero amigos de los que pueda depender para encontrar ayuda cuando caiga. Por favor, trae personas así a mi vida.

Muéstrame a las personas a mi alrededor que también están solas con las que podría comenzar una amistad. Dales la esperanza y la confianza piadosa que necesitan para conocer a nuevas personas.

Gracias porque siempre escuchas mis oraciones.

En el nombre de Jesús, amén.

77

Sean más bien amables unos con otros,
misericordiosos, perdonándose unos a otros, así
como también Dios los perdonó en Cristo.

EFESIOS 4:32

Amado Padre celestial, tú eres muy bueno conmigo. Me perdonas, me amas y eres amable conmigo. Eres el ejemplo perfecto de cómo amar a otros cuando puede resultar difícil.

Algunos días parece más fácil guardar rencor y estar enojado que ofrecer perdón o ser compasivo con mis amigos. Recuérdame que no merezco el perdón, pero que gracias a Cristo, lo tengo igualmente.

Ayuda a mis amigos a tener un corazón que perdone cuando les haga daño. Motívalos a que sean compasivos conmigo y recuerden que la respuesta amable aplaca la ira, pero las palabras duras hacen que la situación empeore.

Gracias por proveerme amigos que ven lo mejor en mí cuando ni yo mismo lo veo. Gracias por los amigos que están dispuestos a perdonar porque tú los has perdonado primero. ¡Qué regalo son para mí!

En el dulce nombre de Jesús, amén.

ORACIONES *por*
GRACIA Y
PERDÓN

78

En las muchas palabras, la transgresión es inevitable,
Pero el que refrena sus labios es prudente.

PROVERBIOS 10:19

P adre celestial, tú eres santo. Eres puro y perfecto. A veces hablo demasiado y digo cosas de las que luego me arrepiento. A veces, lo confieso, escucho chismes cuando debería alejarme. Cuando me vea tentado a decir más de lo que debería, incluyendo un parloteo dañino, ayúdame a quedarme callado. Ayúdame a decir solamente palabras de compasión y amor, palabras que edifiquen y te glorifiquen a ti.

Cuando los chismes amenacen las relaciones de las personas que me rodean, bórralos con bondad y cierra todas las bocas. Ayuda a todos a enfocarse en el trabajo, para que se edifiquen unos a otros en lugar de derribarse. Haz que nuestras palabras sean pocas, y multiplica nuestros logros.

Gracias por el lenguaje con el que podemos expresar nuestro gozo y amor por ti.

En tu nombre, amén.

79

Toda Escritura es inspirada por Dios y útil para
enseñar, para reprender, para corregir, para instruir
en justicia, a fin de que el hombre de Dios sea
perfecto, equipado para toda buena obra.

2 TIMOTEO 3:16-17

Misericordioso Padre celestial, tú soplaste vida en el mundo. Tu presencia me rodea, y tu Palabra permanece para siempre.

Cuando enfrente algún desafío, ayúdame a recordar que la verdad de tu Palabra es la guía que debería usar para vivir una vida que te agrade. Ayúdame a ser más fuerte y más sabio en el tiempo que paso contigo.

Gracias por tu Palabra inmutable. Gracias porque puedo usarla como mi guía para el diario vivir. Saber que mi fe y mi vida están afirmadas en tu verdad me da la fuerza para ofrecerles gracia y perdón a otros.

En tu glorioso y santo nombre, amén.

80

PORQUE LOS OJOS DEL SEÑOR ESTÁN SOBRE LOS JUSTOS, Y SUS OÍDOS ESTÁN ATENTOS A SUS ORACIONES. PERO EL ROSTRO DEL SEÑOR ESTÁ CONTRA LOS QUE HACEN EL MAL. ¿Y quién les podrá hacer daño a ustedes si demuestran tener celo por lo bueno? Pero aun si sufren por causa de la justicia, dichosos son.

1 PEDRO 3:12-14

Padre del cielo, tú eres el juez de justicia supremo. Tus caminos son santos y justos.

Trabajo mucho, Señor, y a veces no me siento reconocido. En ocasiones me critican por tomar las decisiones correctas en un mundo que ya no valora la honestidad. Cuando esas cosas sucedan, recuérdame que tu amor y tu aprecio son más valiosos que cualquier reconocimiento terrenal.

Cuando otros prefieran ser populares antes que hacer lo correcto, dale convicción a su corazón. Llévalos de nuevo a tu verdad.

Gracias por tu misericordia cuando fallamos, Señor. Gracias por tu fortaleza y tu amor cuando nos sentimos perseguidos. Sobre todo, gracias por dejarnos trabajar para tu reino.

En tu bendito nombre, amén.

81

Por tanto, habiendo sido justificados por la fe, tenemos
paz para con Dios por medio de nuestro Señor Jesucristo,
por medio de quien también hemos obtenido entrada
por la fe a esta gracia en la cual estamos firmes, y
nos gloriamos en la esperanza de la gloria de Dios.

ROMANOS 5:1-2

Señor, tu santidad es perfecta. No podemos ni imaginar la belleza de tu grandeza y tu gracia.

Yo nunca voy a ser perfecto, Dios, pero quiero ser un ejemplo de tu reino en cada momento de mi vida. En situaciones en las que no pueda decir tu nombre de forma expresa, permite que mis acciones hablen más fuerte que las palabras.

Oro para que el Espíritu Santo motive los corazones de las personas que me rodean de modo que quieran conocerte más. Ayúdalos a reconocer ese «algo diferente» en mí: tu paz y tu presencia.

Gracias por salvar mi alma para que pueda ser tu testigo. Gracias por llenar mi vida de amigos y familiares. Sé que tú pones ahí a cada uno de ellos por un motivo.

En el nombre de Cristo, amén.

82

Por cuanto todos pecaron y no alcanzan la gloria de
Dios. Todos son justificados gratuitamente por Su
gracia por medio de la redención que es en Cristo Jesús.

ROMANOS 3:23-24

Querido Dios, tu amor es inagotable y nunca falla, y tu gracia es un regalo constante.

Algunos días no me siento merecedor del privilegio de tener una familia. Se me olvidan cosas. Pierdo la paciencia. Descuido a los que más amo. Pero sé que estoy completo en ti a través de tu sacrificio.

Permanece con mis seres queridos hoy, Padre. Oro para que nos ofrezcamos gracia unos a otros a fin de poder funcionar como un equipo contigo en el centro.

Te agradezco por tu gracia, el regalo más grande de todos, y por la forma en que se manifiesta en mi vida. Cuando soy testigo de los momentos de gracia, me siento refrescado y renovado.

Oro en tu nombre, amén.

83

Porque por gracia ustedes han sido salvados por medio
de la fe, y esto no procede de ustedes, sino que es don
de Dios; no por obras, para que nadie se gloríe.

EFESIOS 2:8-9

Padre, solo tú puedes salvar. No hay nadie como tú. Tú has redimido al mundo.

Hoy me siento inepto. Me siento culpable por no hacer más por mi familia y mis amigos. Recuérdame que soy suficiente, porque no soy yo, sino Cristo en mí, quien me hace digno.

Protege a mis seres queridos cuando yo no pueda estar a su lado. Rodea a mis seres queridos con el tipo de amor incondicional que solo tú puedes dar.

Gracias porque eres más que suficiente para mí, y porque tu gracia siempre será suficiente.

En el nombre de Jesús, amén.

84

No ha de ser así entre ustedes, sino que el que entre
ustedes quiera llegar a ser grande, será su servidor, y el
que entre ustedes quiera ser el primero, será su siervo; así
como el Hijo del Hombre no vino para ser servido, sino
para servir y para dar Su vida en rescate por muchos.

MATEO 20:26-28

Jesús, tú nos salvaste de nuestros pecados incluso cuando no merecíamos tu sacrificio. ¡Glorioso es tu nombre!

Estoy en una posición de liderazgo en algunas áreas de mi vida, y te pido que me recuerdes tu ejemplo. Tú fuiste el líder más grande de toda la humanidad; sin embargo, viniste a servir. Permíteme ser un siervo para aquellos a los que lidero, de modo que sus vidas puedan ser incluso más gratificantes.

Ayuda a los que están en mi círculo a ofrecerle apoyo al liderazgo de nuestra comunidad, aun cuando no entiendan las decisiones difíciles que se tomen. Motívalos a estar de acuerdo con la causa común: el bien mayor.

Gracias por aquellos con los que trabajo. Gracias por aquellos a quienes lidero. Ayúdame a seguir tu ejemplo al servirles.

En tu nombre, amén.

85

¿No se venden cinco pajarillos por dos moneditas?
Y sin embargo, ni uno de ellos está olvidado
ante Dios. Es más, aun los cabellos de la cabeza
de ustedes están todos contados. No teman;
ustedes valen más que muchos pajarillos.

LUCAS 12:6-7

Amado Padre, tú conoces por nombre a cada uno de tus hijos. Nada se escapa de tu mirada.

Hay días en los que siento que mis amigos y familiares no me prestan atención. No siento que me aprecien, como si no se dieran cuenta de todas las cosas que hago por ellos cada día. Recuérdame que lo único que necesito es tu amor. Soy digno simplemente porque tú me creaste.

Oro por otras personas que se sientan así y por mis amigos que se han olvidado de quiénes son en ti. Haz que se sientan amados y queridos.

Gracias por proveer todo el amor y la afirmación que necesito.

En el nombre de Jesús, amén.

86

Él nos salvó, no por las obras de justicia que nosotros
hubiéramos hecho, sino conforme a Su misericordia.

TITO 3:5

Dios, tú eres digno de nuestra alabanza y nuestra
gratitud. Te alabo con todo lo que hay en mí.

Los días en que siento que ya no puedo más, recuérdame que no tengo que ser perfecto. Cuando me esfuerzo
por alcanzar la perfección, no lo consigo. Cuando confío
en ti en vez de confiar en mí mismo, veo lo grande que
eres. Enséñame a enfocarme en ti.

Permanece hoy con mis seres queridos. Enséñales a
confiar en ti. Dales en este día exactamente lo que necesitan para avanzar.

Gracias por recordarme descansar en tu promesa de
gracia.

En el nombre de Cristo, amén.

87

Por tanto, acéptense los unos a los otros, como
también Cristo nos aceptó para la gloria de Dios.

ROMANOS 15:7

Padre, tú eres el creador de todo. Tú me conocías antes de que naciera, y me sigues conociendo íntimamente.

Mi identidad está tan envuelta en mi trabajo que cuando cometo un error, siento que soy un fracaso como persona. Pero tú conoces cada parte de mi ser y aún así me aceptas. Recuérdame esto a lo largo del día.

Que mis amigos y familiares sepan que son amados no solo por mí, sino también por ti. Que encuentren su valía en ti y no en lo que otros dicen de ellos.

Gracias por mis amigos y familiares, por amarlos incluso más que yo. Gracias por las alegrías sencillas y el amor extravagante que abunda. Gracias por rodearme de personas tan maravillosas.

En el nombre de Jesús, amén.

ORACIONES *por* GUÍA

88

Revístanse con toda la armadura de Dios para que puedan estar firmes contra las insidias del diablo.

EFESIOS 6:11

Padre celestial, tu poder no conoce límites. Tus enemigos tiemblan solo con pensar en ti. Tú eres mi Dios y mi Salvador, y mi esperanza está en ti todo el día.

Necesito todas las piezas de tu armadura para protegerme, Señor. Sé que el mal contra el que lucho comienza en el reino espiritual. Te pido que me des tu protección espiritual, por favor. Prepárame para enfrentar todas mis dificultades, tanto físicas como espirituales.

Gracias por protegerme y guiarnos a mi familia y a mí. Estoy muy agradecido porque me has preparado con tu Palabra para lo que venga.

En tu nombre, amén.

89

Dios es nuestro refugio y fortaleza,
Nuestro pronto auxilio en las tribulaciones.

SALMOS 46:1

Dios, tú eres el origen de todo lo bueno, justo y verdadero. Estás por encima de todas las naciones y todos los pueblos, y eres un santuario para aquellos que claman en tu nombre.

Confieso que hay días en los que siento que mi espíritu y mi determinación se debilitan. Tengo mucha presión por mi trabajo y las expectativas de servir a otros. Necesito desesperadamente que tus fuerzas me sostengan y renueven mi espíritu. Por favor, recuérdame no estar ansioso por nada, porque tú estás cerca. Guíame a través de esta temporada difícil.

Protege a mi familia hoy. Resguárdalos de los problemas y las preocupaciones del mundo. Enséñales a descansar en tus promesas para que tengan paz.

Estoy extremadamente agradecido por tu dulce espíritu, que puede calmar los mares embravecidos que nos rodean. Gracias por tu amor, tu apoyo y tu guía que no fallan.

En el nombre de Jesús, amén.

90

Porque en Mí ha puesto su amor, Yo entonces lo libraré;
lo exaltaré, porque ha conocido Mi nombre.

SALMOS 91:14

Padre celestial, tú eres compasivo y paciente con tu pueblo. Redimes y guardas a los tuyos. Tus misericordias son nuevas cada día.

Por favor, protégeme en todos los aspectos de mi vida: mi trabajo, mi familia, mi caminar espiritual y otras áreas. Guía mi vida de oración, y continúa enseñándome a seguirte mejor. Ayúdame a reconocerte en todo lo que hago, y permíteme descansar en tu protección divina.

Fortalece a mis amigos y familiares. Sus preocupaciones pueden ser diferentes a las mías, pero son igualmente importantes y difíciles para ellos. Enséñales a alabarte y exaltar tu nombre continuamente, sin importar las cosas que enfrenten. Que puedan caminar cada día con la confianza firme de que tú los guías y los cuidas.

Gracias por revelarte a nosotros. Estoy muy agradecido porque escogiste salvarme y me cuidas constantemente.

En el nombre de tu Hijo, amén.

91

Invoco al Señor, que es digno de ser alabado,
y soy salvo de mis enemigos.

2 SAMUEL 22:4

Padre, tú conoces cada respiro que doy y los días que viviré. Ordenas cada uno de mis pasos. Y solo tú eres mi Dios y Salvador.

Ayúdame a resistir las tentaciones del maligno. Este enemigo invisible está en guerra con mi alma. No me permitas seguir sus planes, y protégeme también de mi propio corazón, que en ocasiones es necio y obstinado. Enséñame a depender de ti para mantener a raya a mi mayor adversario.

Coloca una protección especial alrededor de aquellos que te sirven. Permite que puedan ver tu escudo divino a su alrededor. Sé su guía y su guardián.

Estoy muy agradecido porque me cuidas y me mantienes enfocado en ti. Gracias por darnos sabiduría para hacerles frente a nuestras dificultades.

En tu santo nombre, amén.

92

*Vengan a mí todos los que están cansados y llevan cargas
pesadas, y yo les daré descanso. Pónganse mi yugo.
Déjenme enseñarles, porque yo soy humilde y tierno de
corazón, y encontrarán descanso para el alma. Pues mi
yugo es fácil de llevar y la carga que les doy es liviana.*

MATEO 11:28-30, NTV

Amado Dios, tú sostienes el mundo entero en tus
manos. Tu fuerza y tu poder no tienen límite.

Permanece conmigo cuando sienta el peso de las
dificultades que enfrentan mis seres queridos. Quita esa
carga de mis hombros.

Y quita esa carga de ellos también. Dales fuerzas
para enfrentar los momentos difíciles y esperanza aun
cuando la oscuridad parezca sobrecogedora.

Estoy especialmente agradecido por la sabiduría de
los mayores que han caminado por esta senda antes que
yo. Sus consejos me dirigen hacia ti en cada circunstancia. Gracias por poner mentores en mi vida que me
levantan y me edifican.

En tu poderoso nombre oro, amén.

93

Adelantándose un poco, se postró en tierra y oraba
que si fuera posible, pasara de Él aquella hora.
Y decía: «¡Abba, Padre! Para Ti todas las cosas
son posibles; aparta de Mí esta copa, pero no sea
lo que Yo quiero, sino lo que Tú quieras».

MARCOS 14:35-36

Dios, tú nos amaste tanto que no escatimaste ni a tu propio Hijo. La profundidad y el alcance de tu amor son inimaginables.

Jesús, ayúdame a esforzarme para ser obediente y a confiar en Dios como tú lo hiciste cuando estableciste el ejemplo supremo. Obra en mi espíritu para que desee seguir la voluntad de Dios dondequiera que me lleve, sin importar cuán difícil pueda ser. Enséñame a tener la humildad y el amor que necesito para servir a mi Dios de esa manera. Quiero que mi voluntad se amolde a tu voluntad.

Llena hoy a mis amigos y familiares con tu amor y misericordia. Renueva sus corazones dándoles un profundo aprecio por lo que has hecho por ellos y todos nosotros.

Gracias por demostrar sumisión y reverencia verdaderas. Estoy agradecido por la obra asombrosa que hiciste en la cruz y que ahora haces en mi vida.

En tu santo nombre, amén.

94

Estas cosas les he hablado para que en Mí
tengan paz. En el mundo tienen tribulación;
pero confíen, Yo he vencido al mundo.

JUAN 16:33

Padre celestial, tú echas fuera todo temor con tu perfecto amor. Me siento maravillado por la paz perfecta que me das.

En este día, estoy preocupado por mis hijos. La tentación los rodea en la escuela, con sus amigos y en internet. A veces siento que no puedo hacer nada. Dame sabiduría, y ayúdame a dejarlos libres confiando en tu cuidado.

Protege a mis hijos hoy mientras llevan a cabo todas sus actividades. Protégelos del mal y la tentación, y sostenlos en tus manos.

Gracias porque incluso cuando tengo temor, puedo confiar y descansar en ti.

En el nombre de Jesús, amén.

No les teman, porque el Señor su Dios
es el que pelea por ustedes.

DEUTERONOMIO 3:22

¡Padre, exalto tu nombre y te alabo! Tú eres el Rey, cuya grandeza es inescrutable. Tú defiendes a aquellos que amas.

Sé que vas delante de mí en la batalla. Dame la valentía para enfrentar cualquier prueba y obstáculo que el enemigo ponga en mi camino. Apacigua mis temores y preocupaciones. Aliéntame a permanecer fuerte en ti y tu plan para mi vida. Ayúdame a ser osado delante del adversario y sus maquinaciones.

Pelea a favor de mi familia. Declárale la guerra a lo que sea que quiera hacerles daño o separarlos de ti. Mantenlos a salvo y cerca de ti.

Gracias por guiarme en el camino de mi vida y mi carrera profesional. Me llena de gozo saber que tú aborreces el mal y algún día le pondrás fin.

En el nombre de Jesús, amén.

96

¿Y quién les podrá hacer daño a ustedes si
demuestran tener celo por lo bueno? Pero aun si
sufren por causa de la justicia, dichosos son.

1 PEDRO 3:13-14

Padre, no hay mal que pueda derrotarte. Ningún problema es demasiado grande para ti. Tú lo ves y lo sabes todo.

Ayúdame hoy, Señor. Es difícil renunciar a la preocupación y el temor por mi familia. Me da miedo que pudiera pasarles algo. Dame paz cuando surja la ansiedad.

Mantén al enemigo lejos de mis seres queridos en este día. No permitas que les robe ni un ápice de gozo o felicidad.

Gracias por mi sufrimiento, porque sé que incluso en medio de este me estás acercando a ti.

En el nombre de Jesús, amén.

Pero Moisés dijo al pueblo: «No teman; estén firmes y
vean la salvación que el Señor hará hoy por ustedes».

ÉXODO 14:13

Dios, tú eres un guerrero poderoso. Todos los días peleas batallas que yo no puedo ver, y siempre sales victorioso.

Necesito que hoy pelees por mí. Me siento débil, y dudo cuando sé que debería confiar. Necesito tener fe en que tú cuidarás a mi familia, porque las dificultades que enfrentamos parecen muy difíciles. Vence mi temor con tu victoria.

Pelea por mi familia hoy, Padre. Cuando se sientan tristes, tengan miedo o crean que el problema es demasiado grande, muéstrales que tú vencerás.

Gracias porque la batalla es tuya, pues tú eres capaz de ganar y yo no.

En tu nombre pido todo esto, amén.

98

Bueno es el Señor,
Una fortaleza en el día de la angustia,
Y conoce a los que en Él se refugian.

NAHÚM 1:7

Padre, tú eres bueno. Eres justo y digno.

Ayúdame cuando dude de tu bondad. Cuando pienso en el mal que hay en el mundo, temo por mis seres queridos. Enséñame a confiar en tu bondad infalible.

Sé una fortaleza para mi familia en los momentos de dificultad. Levántalos y enséñales a depender de tus fuerzas y no de las suyas.

Gracias por ser una roca firme y un cimiento fuerte para cada uno de nosotros hoy.

En el nombre de Jesús, que es mi refugio, amén.

99

*Pero el Señor es fiel y Él los fortalecerá a
ustedes y los protegerá del maligno.*

2 TESALONICENSES 3:3

P adre celestial, tú eres el principio y el fin. Vas delante
de mí y has sido mi proveedor en todo.

Señor, cada año trae nuevos retos, y no siempre
puedo proteger a los que amo. Líbrame del temor y muéstrame cómo entregarte a mis seres queridos cada día.

Quédate con mis amigos y familiares hoy. Mantente
presente en sus conversaciones e interacciones con los
demás.

Gracias por tu fidelidad. Tú nunca nos dejas. Nunca
nos abandonas.

En tu nombre oro, amén.

100

Afligidos en todo, pero no agobiados; perplejos,
pero no desesperados; perseguidos, pero no
abandonados; derribados, pero no destruidos.

2 CORINTIOS 4:8-9

Amado Dios, tú eres más grande que mis problemas, preocupaciones y temores. Eres más fuerte
que cualquier cosa que pudiera venir en contra mía o de
mi familia.

Dame fuerzas hoy, Padre. Pareciera que todos los
miembros de mi familia están pasando por dificultades
en este momento. Recuérdame que no me abandonarás
y que estás de mi lado.

Recuérdales a mis familiares tu promesa de que no
serán destruidos aunque lleguen tiempos complicados.
Aun cuando se sienten perseguidos, tú estás con ellos.

Gracias por caminar a mi lado en todas las pruebas
que enfrento y haberme prometido que saldré de todas
ellas.

En el nombre de Cristo, amén.

ORACIONES *por*
SANIDAD Y
SEGURIDAD

101

*De hecho, dentro de nosotros mismos ya teníamos
la sentencia de muerte, a fin de que no confiáramos
en nosotros mismos, sino en Dios que resucita a
los muertos, el cual nos libró de tan gran peligro
de muerte y nos librará, y en quien hemos puesto
nuestra esperanza de que Él aún nos ha de librar.*

2 CORINTIOS 1:9-10

Padre, tú eres el sanador supremo. Solo tú tienes el poder para resucitar a los muertos y hacer nuevas todas las cosas.

Ayúdame a entregarte hoy mis preocupaciones. Cuando mi amigo está enfermo, me siento impotente. Te pido que me permitas confiarte esta carga.

Escucha mi oración por la sanidad de mi amigo. Restaura hoy las energías de mis seres queridos, y aumenta nuestra confianza en ti dándonos evidencias de mejoría.

Gracias porque te importan nuestras enfermedades, a pesar de cuán leves puedan ser. Padre, saber que estás abrazando a mi amigo nos produce consuelo a los dos. Ayúdame a no olvidar este momento de oración por sanidad y tu respuesta a mis súplicas.

En el nombre de Jesús, amén.

102

*Sean firmes y valientes, no teman ni se aterroricen
ante ellos, porque el Señor tu Dios es el que va
contigo; no te dejará ni te desamparará.*

DEUTERONOMIO 31:6

Amado Padre celestial, tú nunca nos dejas y nunca nos abandonas. Eres nuestro protector y nuestro libertador, y por eso te alabo.

Dame fortaleza y valentía hoy. Hay alguien que forma parte de mi vida que está enfermo. Aún no sabemos el diagnóstico, y tenemos miedo. Danos valentía para este día.

En este momento, uno de mis familiares está intentando ser fuerte por todos nosotros. Por favor, danos tu descanso y tu paz. No permitas que ninguno de nosotros intente llevar esta carga solo.

Gracias por tu promesa de que vas con nosotros y delante de nosotros.

Oro en el nombre de Cristo, amén.

103

Pero Él fue herido por nuestras transgresiones,
Molido por nuestras iniquidades.
El castigo, por nuestra paz, cayó sobre Él,
Y por Sus heridas hemos sido sanados.

ISAÍAS 53:5

Padre, enviaste a tu Hijo como sacrificio por nosotros. Eres un Padre bueno, que cuida de sus hijos más de lo que nunca podríamos entender.

En este día me siento cargado. Ver a mi ser querido sufrir pesa en mi corazón. Te pido que me quites esa carga, Dios, y que le des descanso de esta enfermedad.

No permitas que el temor y el dolor de mi ser querido le impidan confiar en ti. Él no entiende su sufrimiento, pero tú sí. Te pido por una sanidad rápida y una recuperación completa.

Gracias porque incluso en medio de estos tiempos difíciles, tú traes momentos de gozo que a menudo doy por garantizados.

En tu nombre te pido todo esto, amén.

104

Sáname, oh Señor, y seré sanado;
Sálvame y seré salvado,
Porque Tú eres mi alabanza.

JEREMÍAS 17:14

P adre que estás en el cielo, tú eres bueno. No hay
maldad o impureza alguna en ti. Todos los dones
buenos y perfectos vienen de ti.

Acuérdate de mí hoy. Necesito tu gracia salvadora
y tu sanidad. Lléname de ellas para que pueda alabarte.

Hoy te pido por sanidad para mi familia. Ellos necesitan sanidad física, espiritual y emocional durante esta
temporada de sus vidas. Sé tú su consuelo, Padre.

Gracias por sanarnos de la manera suprema al sal-
varnos, y gracias por la promesa de pasar la eternidad
contigo.

En el nombre de Jesús, amén.

105

Al ver la mujer que ella no había pasado inadvertida,
se acercó temblando, y cayendo delante de Él, declaró
en presencia de todo el pueblo la razón por la cual lo
había tocado, y cómo al instante había sido sanada.
Y Él le dijo: «Hija, tu fe te ha sanado; vete en paz».

LUCAS 8:47-48

Amado Padre, un solo toque tuyo puede sanar al enfermo y hacer que el ciego recobre la vista. Tú haces milagros todos los días.

Ayúdame hoy con mi incredulidad. Cuando empiece a dudar de tu poder y tu capacidad para sanar, recuérdame la historia de la mujer que te tocó y fue sanada inmediatamente. Su fe la sanó. Dame una fe como la de ella.

Te pido sanidad para los niños enfermos que conozco. Haz un milagro, Dios. Necesitamos un milagro. Cuando todos nos dicen que no hay cura, danos esperanza para saber que tú eres la cura.

Gracias por el cuidado con el que te ocupas de tus hijos y todas las maneras en las que provees.

En tu nombre oro, amén.

106

Hijo mío, presta atención a mis palabras;
Inclina tu oído a mis razones.
Que no se aparten de tus ojos;
Guárdalas en medio de tu corazón.
Porque son vida para los que las hallan,
Y salud para todo su cuerpo.

PROVERBIOS 4:20-22

Amado Dios, tu Palabra es buena. Cambia la vida y también da vida. Es confiable y trae paz a todos los que la escuchan.

Señálame hoy escrituras que estén llenas de tus promesas. Mi corazón se duele por aquellos que están enfermos, y lo han estado por mucho tiempo. Dame esperanza de una manera nueva a través de tu Palabra.

Consuela a los que están enfermos. Que sientan que tus brazos los rodean mientras experimentan dolor en sus cuerpos y corazones. Lleva sanidad a sus vidas y permite que descansen bien.

Gracias por darnos tu Palabra para que nunca tengamos que sentirnos perdidos o solos.

En el nombre de Jesús, amén.

107

Oh Señor, Dios mío,
A Ti pedí auxilio y me sanaste.

SALMOS 30:2

Padre bueno, tú escuchas todos nuestros clamores. Te interesas profundamente por cada uno de tus hijos.

Hoy te pido sanidad. Tú dices que si buscamos, hallaremos; y que si clamamos, tú traerás sanidad. Sana a mi hijo enfermo. Dale alivio y energías renovadas.

Quédate también cerca de mis amigos que están pasando por una enfermedad. Que su sufrimiento los acerque más a ti. Dales una sanidad milagrosa.

Te doy gracias por tu misericordia y tu fidelidad que no tienen fin. Gracias por las amistades y la oportunidad de apoyar a mis amigos. Tú nos creaste para vivir en comunidad, y estoy muy agradecido por la que tú me has dado.

En el nombre de Cristo oro, amén.

ORACIONES *por*

HOGAR Y
FAMILIA

108

Esto explica por qué el hombre deja a su
padre y a su madre, y se une a su esposa,
y los dos se convierten en uno solo.

GÉNESIS 2:24, NTV

Amado Padre, tú puedes arreglar cualquier cosa que esté rota. Para ti, no hay nada ni nadie que no tenga remedio. Eres más grande que nuestro dolor y nuestros problemas.

Señor, ha sido difícil para mí llevarme bien con mis padres y mi familia en esta temporada de mi vida. Me siento independiente, pero ellos no me ven así. Por eso te pido que me muestres cómo honrarte a ti y a mis padres.

Dales a mis padres la valentía para liberarme. Cuando se aferren demasiado a mí o mis hermanos, sustituye su temor por paz, y consuélalos durante esta temporada de cambios.

Gracias por darnos valentía y fuerzas.

En el nombre de Jesús, amén.

109

El nombre del Señor es torre fuerte,
A ella corre el justo y está a salvo.

PROVERBIOS 18:10

Amado Señor, tú eres la torre fuerte, la fortaleza firme para tu pueblo. Nadie puede enfrentarte.

Recuérdame que corra a ti a diario, porque demasiadas veces dependo de mis propias fuerzas y pienso que soy el único que puede proteger a mi familia y mantenerlos a salvo de las situaciones difíciles. Pero no puedo. Solo tú puedes hacerlo. Ayúdame a tener fe para confiar en tu protección y cuidado.

A medida que mi familia vive el día de hoy, necesitan la protección física y espiritual que solo tú puedes dar. Por favor, sé una torre fuerte para ellos y guíalos para que no intenten confiar en sí mismos, sino solamente en ti.

Gracias, Señor, por ser mi protector y mi escudo en tiempos difíciles.

En tu precioso nombre clamo a ti, amén.

110

Con Cristo he sido crucificado, y ya no soy yo el que
vive, sino que Cristo vive en mí; y la vida que ahora
vivo en la carne, la vivo por la fe en el Hijo de Dios,
el cual me amó y se entregó a sí mismo por mí.

GÁLATAS 2:20

P adre celestial, tú estás lleno de gracia y misericordia. Soy salvo solo por tu amor y el sacrifico de tu Hijo en la cruz.

Necesito tu ayuda para entender plenamente esta verdad y vivirla en mi día a día. Quiero seguirte y nunca olvidar o no valorar que diste la vida de tu Hijo por la mía. Ayúdame a morir un poco más cada día a las cosas que me impiden tener una relación correcta contigo. Ayúdame a caminar en fe y ser ejemplo para mi familia.

Bendice a mi familia hoy. Ayúdalos a vivir por fe y a poner sus ojos únicamente en ti para ser salvos. Guía los corazones de mis hijos para que caminen contigo todos los días.

Gracias por cuidar de mí y mi familia, y por el precioso regalo de tu Hijo.

En el santo nombre de Jesús, amén.

111

«Ven», le dijo Jesús. Y descendiendo Pedro de la
barca, caminó sobre las aguas, y fue hacia Jesús.
Pero viendo la fuerza del viento tuvo miedo, y
empezando a hundirse gritó: «¡Señor, sálvame!».

MATEO 14:29-30

Dios todopoderoso, tú estás en control de todo.
Incluso el poder de la naturaleza descansa en tus
manos.

Muchas veces soy como Pedro. Comienzo a seguirte
con buenas intenciones, pero rápidamente me lleno de
temor o desánimo, y mi fe se tambalea. Quiero seguirte
sin vacilar, con poder y confianza en ti y tu plan para mi
vida. Fortalece mi fe. Por favor, guíame para que cuando
lleguen las tormentas de la vida, mantenga mi corazón y
mis ojos enfocados en ti y no tema o dude.

Te pido que estés con mi familia en medio de las tormentas de la vida, ya sean grandes o pequeñas. Enséñales
a mirarte a ti constantemente y a no tambalearse. Bendice
mi hogar con la paz que solo tú puedes dar.

Gracias por levantarnos en medio de los momentos
de dificultad y dolor.

En el nombre de tu Hijo, amén.

112

Sé vivir en pobreza, y sé vivir en prosperidad. En todo y
por todo he aprendido el secreto tanto de estar saciado
como de tener hambre, de tener abundancia como de
sufrir necesidad. Todo lo puedo en Cristo que me fortalece.

FILIPENSES 4:12-13

Padre, tú controlas todas nuestras circunstancias y cada uno de nuestros pasos. Tu poder y majestad no conocen límites.

Confieso que batallo para poder sentirme satisfecho. Me encuentro quejándome de una cosa o de otra, deseando lo que no tengo en lugar de estar agradecido por lo que sí tengo. Por favor, líbrame de esta actitud y ayúdame en cambio a reconocer las abundantes bendiciones que me has dado.

Ayúdame a dirigir a mi familia hacia el contentamiento en lugar de perseguir las cosas que la cultura dice que producirán satisfacción. Danos a cada uno la fuerza para resistir la presión del mundo. Guía nuestros corazones y nuestras mentes para encontrar satisfacción solamente en ti.

Gracias por saciar nuestra sed espiritual y consolar nuestras almas.

En el nombre de Cristo, amén.

113

El amor es paciente, es bondadoso. El amor no tiene
envidia; el amor no es jactancioso, no es arrogante. No
se porta indecorosamente; no busca lo suyo, no se irrita,
no toma en cuenta el mal recibido. El amor no se regocija
de la injusticia, sino que se alegra con la verdad. Todo
lo sufre, todo lo cree, todo lo espera, todo lo soporta.

1 CORINTIOS 13:4-7

Señor, tú eres la expresión perfecta del amor. Tu amor no tiene fin y nunca falla. Tu amor lo conquista todo.

Ayúdame a entender lo que significa el amor de verdad, y cómo expresarte ese amor a ti y a las personas que forman parte de mi vida. Dame sabiduría para saber cuándo dejar a un lado la intensidad que necesito para mi trabajo y simplemente amar como tú amas. Ayúdame a servir, sin olvidarme nunca de amar como nos enseñas a hacerlo en tu Palabra.

Mi deseo es que nuestra familia esté llena de un amor abundante (amor de verdad, amor divino) de los unos por los otros y por ti. Por favor, ayúdanos a buscar el amor como tú lo haces.

Gracias por amarnos primero y hacernos parte de tu familia. Gracias por enseñarnos a través de tu Hijo lo que es realmente el amor.

En el nombre de Cristo, amén.

114

Así que ya no son dos, sino una sola carne. Por tanto,
lo que Dios ha unido, ningún hombre lo separe.

MATEO 19:6

Padre celestial, no hay mal que pueda hacerte frente. Las estrategias del enemigo no tienen poder en tu impresionante presencia. Tú eres escudo y roca firme para tu pueblo.

Protege mi matrimonio. Resguárdame de las tentaciones que pudieran amenazarlo. Por favor, derrama tu amor sobre nosotros para que nuestras promesas mutuas y las hechas a ti se mantengan intactas. Impide que el enemigo pueda levantar fortalezas en nuestra relación. Ayúdame a usar mis palabras y acciones para fortalecer nuestro vínculo y no dañarlo nunca.

Bendice, protege, anima y abraza con tu amor a mi cónyuge en este día. Ayúdanos a enfocarnos en la relación que tenemos entre nosotros y contigo.

Gracias por el regalo del matrimonio. Gracias por darme la fuerza para honrar y amar a mi cónyuge.

En el nombre de tu Hijo, amén.

115

Mujer hacendosa, ¿quién la hallará?
Su valor supera en mucho al de las joyas.

PROVERBIOS 31:10

P adre todopoderoso, tú eres justo y santo, el Dios eterno y omnipotente.

Ayúdame a apreciar más a mi cónyuge, que me da tantas bendiciones. Me preocupa no darle a mi cónyuge de vida el amor y el respeto que debería. Por favor, Señor, dame el corazón para honrar a mi cónyuge. Ayúdame a ser el cónyuge que tú quieres que sea.

Por favor, guía a mis hijos hoy para que aprecien a sus padres y rodéalos de amor y aliento. Levanta el ánimo de mi cónyuge.

Gracias por la maravillosa persona que me has dado.

En el santo nombre de Jesús, amén.

116

*Que el S*ᴇɴᴏʀ *nos vigile a los dos cuando nos*
hayamos apartado el uno del otro.

GÉNESIS 31:49

Padre del cielo, tus caminos no son nuestros caminos, y tus pensamientos son mucho más altos que
los nuestros. Tu sabiduría está mucho más allá del entendimiento de cualquier persona.

La vida está llena de retos y temporadas cambiantes:
momentos de abundancia, momentos de crisis, momentos de alegría y momentos de tristeza. Pero tú eres
constante y firme en cada temporada, ya sea de felicidad
o dificultad. Gracias por anclarnos a mí y a mi familia
a la verdad que es inamovible en cualquier temporada.
Tú eres un Padre bueno y verdadero, y no cambias en tu
amor y cuidado.

Gracias, Jesús, por cuidarnos.

En tu nombre oro, amén.

117

Den gracias en todo, porque esta es la voluntad
de Dios para ustedes en Cristo Jesús.

1 TESALONICENSES 5:18

Amado Dios, con tu poderosa palabra puedes mover montañas y crear vida. Y aun así, por tu magnífica gloria me conoces por mi nombre y nos cuidas a mí y a mi familia atentamente.

Padre, gracias por todo lo que haces. Te debo mi vida y cada aliento que doy. Sin embargo, aun así se me hace muy fácil caminar día a día dando por hechos todos los milagros y regalos de mi vida. Por favor, perdóname. Cambia mi corazón y mi actitud.

Dale hoy a mi familia un espíritu de agradecimiento. Ayúdalos a ver la multitud de razones que tienen para darte gracias por este día que tú has creado.

Gracias, Señor, por mi vida y mi familia. Gracias por el gozo, la paz y la provisión. Gracias porque podemos hablarles a otros de ti. Y gracias por amarnos.

En el nombre de Jesús, amén.

118

Así que no se preocupen por todo eso diciendo: «¿Qué comeremos?, ¿qué beberemos?, ¿qué ropa nos pondremos?». Esas cosas dominan el pensamiento de los incrédulos, pero su Padre celestial ya conoce todas sus necesidades.

MATEO 6:31-32, NTV

Padre del cielo, tú eres el proveedor supremo. Ves las necesidades de tu pueblo y lo bendices de manera poderosa por la abundancia de tu amor.

Confieso que demasiadas veces me preocupo por cómo pagaremos las facturas, cómo pondremos comida sobre la mesa, o cómo nos prepararemos para el futuro. Ayúdame a confiar en ti como nuestro proveedor y a no estresarme por las cosas de este mundo. Enséñame a confiar en ti y tu guía cuando se trata de nuestra provisión, y a agradecer los empleos que nos has dado para poder ganarnos la vida.

Recuérdale a mi familia que tú eres su proveedor supremo. A medida que suples sus necesidades, que puedan darte la gloria y el honor por proveer para ellos.

Gracias por cuidarnos tan bien.

En el nombre de tu Hijo oro, amén.

119

Y cuando estén orando, perdonen si tienen algo contra
alguien, para que también su Padre que está en los
cielos les perdone a ustedes sus transgresiones.

MARCOS 11:25

Señor Dios, tú eres el Redentor santo. Nos has dado el ejemplo perfecto de perdón y reconciliación a través de tu Hijo Jesús.

He guardado mucho rencor y viejas injusticias y heridas, Señor. Temo que obstaculicen mi caminar contigo, pero me cuesta perdonar como tú quieres que lo haga. Necesito tu ayuda. Por favor, muéstrame cómo perdonar y sanar. Ayúdame a liberarme de las actitudes dañinas que pesan en mi corazón y amenazan mi paz.

En mi familia, como en la mayoría de ellas, hemos tenido conflictos y problemas sin resolver. Ayúdanos hoy a dejar a un lado las heridas del pasado y a buscar reconciliarnos. Sánanos, Señor, y restaura nuestras relaciones.

Gracias por mostrarnos lo que realmente es el perdón y la reconciliación. Gracias por sanar nuestras viejas heridas y ayudarnos a seguir avanzando.

En el nombre de Jesús, amén.

120

Yo he venido para que tengan vida, y para
que la tengan en abundancia.

JUAN 10:10

P adre nuestro, tú eres el Dios que derrama su amor
y misericordia sobre su pueblo, y lo guías con tu
gentil mano llena de amor.

Quiero vivir una vida colmada de todas las bendiciones, el gozo y el propósito que tienes para mí, Señor.
Al final de mi vida, quiero tener la certeza de haberla
vivido bien y haberte honrado, servido a mi comunidad y
sido una bendición para mi familia. Ayúdame a conocer
la vida abundante que ofreces. Guíame a las escrituras
que me lleven en la dirección correcta para que mi vida
se mantenga siempre en el camino que tú has dispuesto
para mí.

Dirige los pasos de mi familia hoy. Ayúdalos a ver
tus asombrosas bendiciones en sus vidas y a tener la vida
abundante que ofreces.

Gracias por llenar nuestros días de propósito, bendiciones y gozo.

En el nombre de Jesús, amén.

121

Lleven los unos las cargas de los otros,
y cumplan así la ley de Cristo.

GÁLATAS 6:2

Padre celestial, tu yugo es fácil y tu carga es ligera. Tú acompañas a tu pueblo en los momentos de dificultad y dolor.

Señor, a menudo se me olvida orar por mi familia y mis amigos como debería hacerlo. Estoy agradecido por poder orar por ellos dondequiera que esté. Aun cuando estoy lejos de casa, puedo seguir apoyando a los que me necesitan, a aquellos que tú has puesto en mi vida. Dame un corazón atento para ver a qué otras personas puedo ayudar y apartar mi enfoque de mis propios problemas. Ayúdame a ser un guerrero de oración para aquellos que me necesitan.

Tú conoces las preocupaciones y las cargas con las que luchan mi familia y mis amigos. Por favor, obra a su favor y permite que sientan tu presencia.

Gracias por escuchar nuestras oraciones y reunirnos para llevar los unos las cargas de los otros.

En el santo nombre de Cristo, amén.

122

Escojan hoy a quién han de servir: si a los dioses
que sirvieron sus padres, que estaban al otro lado
del río, o a los dioses de los amorreos en cuya tierra
habitan. Pero yo y mi casa, serviremos al Señor.

JOSUÉ 24:15

Dios todopoderoso, tú eres digno de toda la adoración y el honor. Eres el único y verdadero Dios, el Rey del universo.

Señor, ayúdame a seguirte con todo mi corazón. Dame la pasión y la valentía para escoger servirte todos los días de mi vida. Que pueda tener el valor de mantenerme firme a pesar de lo que piensen los demás. Que las opiniones de la gente o la dirección en la que sopla el viento en nuestra cultura y el mundo a nuestro alrededor no me hagan tambalear, sino que pueda mantenerme firme en ti.

Señor, fortalece a mis seres queridos para que puedan servirte solo a ti. Guía a mi familia a un compromiso contigo para que podamos estar unidos proclamando tu Palabra.

Gracias por fortalecer nuestra fe y nuestra decisión de seguirte. Gracias por tu fidelidad.

En el nombre de Jesús oro a ti, amén.

ORACIONES *por*
INSPIRACIÓN
Y ALIENTO

123

*Hablen entre ustedes con salmos, himnos y cantos
espirituales, cantando y alabando con su corazón al
Señor. Den siempre gracias por todo, en el nombre
de nuestro Señor Jesucristo, a Dios, el Padre.*

EFESIOS 5:19-20

Padre celestial, tú eres el gran proveedor y siempre cuidas de mí. Me das razones para cantar.

Cuando tenga días buenos, permite que pueda tener un corazón agradecido. Cuando los días sean largos y esté cansado, dame un corazón agradecido también. Ya sea que las cosas resulten fáciles y me encante mi trabajo, o que este sea más difícil que nunca y lo esté cuestionando todo, recuérdame alabarte.

Recuérdales también a mis amigos y mi familia qué privilegio es ser tu hijo. Dales corazones agradecidos por el precioso sol que brilla y por la luna que nos señala que es tiempo de descansar.

Gracias por tu presencia cada día, Señor. Especialmente en los días que son más difíciles, estoy agradecido por tenerte cerca.

En el precioso nombre de tu Hijo, amén.

124

Porque Tú formaste mis entrañas;
Me hiciste en el seno de mi madre.
Te daré gracias, porque asombrosa
Y maravillosamente he sido hecho;
Maravillosas son Tus obras,
Y mi alma lo sabe muy bien.

· SALMOS 139:13-14

Santo Dios, lo que tú creas es precioso. Nunca cometes errores; todo lo que haces resulta perfecto.

Cada persona en mi vida es valiosa. Cada una es un regalo porque tú las creaste exactamente como querías que fueran. Ayúdame a ver la belleza en tu creación. No permitas que subestime a ninguna de ellas.

Ayuda a las personas en mi comunidad a ver tus huellas en cada ser individual. Que cada reto pueda considerarse como una oportunidad para el bien, y cada rasgo de carácter se vea como un reflejo de tu gloria.

Al pensar en cada persona que forma parte de mi vida por nombre, te doy las gracias por crearlas y por lo que harás a través de ellas en el futuro.

En tu nombre, amén.

125

En aquel momento se acercaron los discípulos a Jesús,
diciendo: «¿Quién es el mayor en el reino de los cielos?».
Él, llamando a un niño, lo puso en medio de ellos, y
dijo: «En verdad les digo que si no se convierten y se
hacen como niños, no entrarán en el reino de los cielos».

MATEO 18:1-3

Padre Dios, tú has creado muchos regalos en este mundo. ¡Alabado sea tu precioso nombre!

Dame sabiduría para saber cómo amar a todas las personas que forman parte de mi vida, incluso en los momentos difíciles. Dame paciencia para lidiar con las situaciones inesperadas. Llena mi corazón de entrañables recuerdos creados con cada persona.

Bendice a cada persona que está en mi vida, especialmente a aquellas que se encuentran en situaciones difíciles. Que puedan sentir mi amor y atención, y por favor, protégelos. Muéstrame cómo guiarlos hacia ti, que eres su guía siempre amoroso, firme y confiable.

En el nombre de Jesús, amén.

126

Que las misericordias del Señor jamás terminan,
Pues nunca fallan Sus bondades;
Son nuevas cada mañana;
¡Grande es Tu fidelidad!
«El Señor es mi porción», dice mi alma,
«Por tanto en Él espero».

LAMENTACIONES 3:22-24

Tú eres el gran Yo Soy, eterno e inmutable, y aun así tu misericordia siempre es fresca y nueva. ¡Tu santo nombre es magnífico!

Ya sea que se trate del amanecer de un nuevo día, un nuevo comienzo o un nuevo trabajo, dame entusiasmo por las oportunidades que se encuentran en cada situación nueva. Recuérdame que ser un seguidor de Cristo significa que cada día tengo la posibilidad de cambiar una vida.

Anímame a aprovechar las nuevas oportunidades mientras me ayudan a moldearme para ser la persona que tú diseñaste que fuera. Dame discernimiento para tomar buenas decisiones y encontrar alegría en cada día.

Gracias por tus nuevas misericordias. Gracias por los años llenos de oportunidades y la posibilidad de hacer algo grande.

En tu nombre, amén.

127

Tus oídos oirán detrás de ti estas palabras:
«Este es el camino, anden en él», ya sea que
vayan a la derecha o a la izquierda.

ISAÍAS 30:21

Dios poderoso, tú eres omnisciente. Lo sabes todo, lo ves todo y lo entiendes todo. Creaste todo en tu tiempo y para tus propósitos.

A veces siento que no tengo ni idea de lo que estoy haciendo. Hay días en los que me preocupo por si estoy fracasando, o tal vez por si escogí la profesión incorrecta. ¿Podrías recordarme que no estoy solo? Permite que pueda escuchar tu voz y tus reconfortantes palabras de afirmación.

Cuando mis amigos y mi familia estén confundidos y se sientan perdidos, por favor, dales señales de tu amor reafirmándoles que tú siempre estás presente y controlas todo, sin importar lo que esté ocurriendo.

Gracias por ser el Señor de mi vida. Gracias por guiarme en cada momento y demostrar tu amor eterno.

En el nombre de Cristo, amén.

128

El Señor tu Dios está en medio de ti,
Guerrero victorioso;
Se gozará en ti con alegría,
En Su amor guardará silencio,
Se regocijará por ti con cantos de júbilo.

SOFONÍAS 3:17

Padre santo, tu amor no tiene fin. Sabes todo acerca de mí (las alegrías y las cargas de mi corazón) y cantas cantos de gozo sobre mí.

Algunos días son perfectos. Mi familia y mis amigos están bien y felices, y recuerdo mis muchas bendiciones. Anímame a agradecerte y compartir mi gozo con quienes me rodean.

Bendice a mi familia y mis amigos con muchos días buenos. Recuérdales tu bondad, por qué tu Palabra es importante, y dales razones para sentir alegría en sus corazones. Permite que puedan deleitarse en ti.

Gracias por los días buenos. Gracias por hacer que el gozo sea contagioso.

En tu glorioso nombre, amén.

129

Aún Él ha de llenar de risa tu boca,
Y tus labios de gritos de júbilo.

JOB 8:21

Señor, tú reinas sobre todas las cosas y te deleitas en tu creación.

Cada uno de mis amigos es un regalo que me has dado. Su alegría es pegadiza y su risa es contagiosa. Su humor a menudo es justo lo que necesito para seguir adelante en un día difícil, y te alabo por eso.

Ayuda a mis amigos a disfrutar de lo que hacen y de tu creación. Permite que tu gozo resuene en sus corazones.

Gracias por la risa y sus propiedades curativas. Gracias por los recuerdos que todos los días creo con mis amigos.

En el nombre de Jesús, amén.

130

Esfuércense, y aliéntese su corazón,
Todos ustedes que esperan en el Señor.

SALMOS 31:24

Precioso Señor, eres fiel y verdadero, y nunca cambias. Parece que el mundo está cambiando todo el tiempo: ideas nuevas, leyes nuevas y requerimientos nuevos. En un mundo en constante movimiento, recuérdame que mi esperanza está en ti. No quiero perder mi fe por encasillarla en estándares humanos. Quiero que mi fe esté arraigada firmemente en tus estándares, tus promesas y tu verdad.

Cuando esté atrapado en medio de los torbellinos del cambio, junto con mi familia y mis amigos, recuérdanos ser fuertes y fieles. Cuando estemos estresados y agotados, ayúdanos a recordar nuestro verdadero valor como hijos de Dios.

Gracias porque tú nunca cambias y siempre cumples tus promesas. Sé que tienes el mundo en tus manos.

En el nombre de Jesús, amén.

131

Y sea la gracia del SEÑOR nuestro Dios sobre nosotros.
Confirma, pues, sobre nosotros
La obra de nuestras manos;
Sí, la obra de nuestras manos confirma.

SALMOS 90:17

P adre eterno, tus obras son maravillosas y tu gloria no tiene límites.

Bendice mi trabajo en todo lo que haga: en casa, en la escuela o en la comunidad. Solo tú puedes ver dentro de mi corazón y saber que quiero hacer un buen trabajo y ser un testigo tuyo. Dame la habilidad para trabajar, amar y aprovechar cada oportunidad que pongas delante de mí. Recuérdame que los demás cuentan con que trabajaré duro y lo haré bien.

Ayuda a mis compañeros y a los otros miembros del personal en nuestra organización a ver la importancia de sus labores cuando ocupen su puesto cada día. Dales una dosis diaria de gozo y emoción para enfrentar sus tareas.

Gracias por confiarme el placer y la responsabilidad de un trabajo significativo.

En el precioso nombre de tu Hijo, amén.

ORACIONES *por* INTEGRIDAD

132

El justo anda en su integridad;
¡Cuán dichosos son sus hijos después de él!

PROVERBIOS 20:7

Padre celestial, tú amas la rectitud y la justicia. Tú has puesto delante de nosotros lo que es correcto, verdadero y bueno. ¡Alabo tu santo nombre!

Ayúdame a vivir una vida de integridad y honor. Siento que fracaso muchas veces, y te pido perdón. Fortalece mi deseo de seguir tu Palabra. Restaura mi espíritu para que siempre busque hacer tu voluntad. Quiero ser un ejemplo para mi familia y las personas que me rodean de modo que, a través de tu obra en mí, ellos también quieran seguirte.

Derrama hoy tu Espíritu sobre mi familia y mis amigos. Guíalos a tu verdad y ayúdalos a llegar a conocerte más. Asegúrales que siempre estarás a su lado.

Gracias por darnos las Escrituras para que podamos conocer más acerca de ti, tu ley y tu carácter. Estoy agradecido porque nos has dado a conocer tu voluntad.

En el nombre de Jesús, amén.

133

Sea el carácter de ustedes sin avaricia,
contentos con lo que tienen.

HEBREOS 13:5

Dios, todo don bueno y perfecto viene de ti. Tú sabes exactamente lo que tu pueblo desea y necesita. Eres el gran proveedor.

Realmente batallo con querer más de lo que tengo. Perdóname, y muéstrame cómo estar satisfecho con las bendiciones que me has dado para que no me queje de lo que no tengo. Enséñame a apreciar todo lo que has hecho por mí.

Mi familia también batalla con esto. El deseo constante de tener cada vez más nos puede abrumar a todos de vez en cuando. Por favor, revélate a nosotros y ayúdanos a encontrar nuestra satisfacción en ti.

Gracias por cuidar de mí siempre. Estoy agradecido por mi salud, mi trabajo, mi familia y todas las demás cosas buenas que me permites tener en mi vida.

En el nombre de tu Hijo, amén.

134

Todo lo que hagan, háganlo de corazón, como
para el Señor y no para los hombres, sabiendo
que del Señor recibirán la recompensa de la
herencia. Es a Cristo el Señor a quien sirven.

COLOSENSES 3:23-24

Padre, eres compasivo y misericordioso, lento para la ira y abundante en amor. Has quitado nuestros pecados y los has alejado tanto como el oriente está del occidente. ¡Cuán grande es tu constante amor!

Algunos días son difíciles y puedo desanimarme en mi trabajo. Cuando eso ocurra, ayúdame a recuperar mis prioridades y mi enfoque. Recuérdame por qué te sirvo y para quién realmente hago lo que hago. Cambia mi actitud hacia el trabajo que tú me has llamado a hacer. Ayúdame a mostrarme apasionado y profesional en mis responsabilidades, porque finalmente hago el trabajo para ti.

Por favor, continúa al lado de mi familia. Bendícelos mientras ellos también trabajan para ti. Aumenta hoy su gozo.

Gracias por permitirme seguir mi pasión y seguirte a ti. Gracias por mostrarme cuán importante es trabajar con honor y distinción.

En tu santo nombre, amén.

135

Con toda diligencia guarda tu corazón,
Porque de él brotan los manantiales de la vida.

PROVERBIOS 4:23

Señor, has establecido tu trono en el cielo, y toda la tierra es tu reino. Adoro tu santo nombre.

Perdóname por ver con lujuria ciertas imágenes y llenar mi mente y mi corazón con cosas que no debería. Dame la fuerza para resistir la atracción del pecado que siempre está presente en la computadora, la televisión y tantos otros lugares. Guarda mi corazón y restaura mi espíritu para que pueda vivir una vida piadosa en todas las áreas.

Protege también los corazones de mi familia. Mantén puros a los niños e impide que el maligno pueda tomar ventaja en sus vidas. Dales sabiduría y un juicio sensato para que vivan honorablemente.

Gracias por ser un Dios que perdona. Estoy muy agradecido por saber que cuando tropiece y caiga, tú me levantarás y me lavarás las heridas. Gracias por no rendirte nunca conmigo.

En el nombre de Cristo, amén.

136

Honren a todos, amen a los hermanos,
teman a Dios, honren al rey.

1 PEDRO 2:17

Padre misericordioso, tú eres el Rey de reyes y el Señor de señores. Tu majestad cubre toda la tierra. Te serviré todos los días de mi vida.

Señor, por favor, dame la humildad y la gracia para servir a aquellos que están en autoridad sobre mí. Quita todo orgullo o arrogancia que me puedan impedir hacer mi trabajo o cumplir mis promesas. Usa mi vida continuamente para guiar a otros hacia ti.

Ayuda a las personas en mi entorno laboral a seguir siendo positivas y respetar a las autoridades. A veces criticamos y ofendemos a los líderes a sus espaldas, pero te pido que guíes nuestras conversaciones y actitudes para que podamos mostrarles a quienes están a cargo el respeto que se merecen. Permite que la humildad crezca en nuestros corazones.

Gracias por tu guía constante.

En el nombre de Jesús, amén.

137

Y no se adapten a este mundo, sino transfórmense
mediante la renovación de su mente.

ROMANOS 12:2

Padre, estás sentado en tu trono rodeado de ángeles, y aún así nos enseñas lo que es bueno y agradable a ti. Tu dulce amor no tiene comparación.

A veces me siento bombardeado por el mundo. Mantén tu Palabra y tus enseñanzas siempre frescas en mi mente, de modo que así no pueda ser engañado por el maligno. Ayúdame a seguir enfocándome en leer la Biblia, y permite que la misma penetre en mi alma. Necesito tener tus deseos siempre presentes en mi mente.

Enséñales a mis amigos y familiares acerca de tu Palabra y tus deseos. Que estudiar la Escritura sea una prioridad para ellos, y dales sabiduría y entendimiento para hacerla real en sus vidas.

Gracias por mostrarnos lo que es bueno y verdadero. Estoy muy agradecido de que nos hayas dado instrucciones sobre lo que es mejor para nosotros.

En el nombre de Jesús, amén.

138

No les ha sobrevenido ninguna tentación que no sea
común a los hombres. Fiel es Dios, que no permitirá
que ustedes sean tentados más allá de lo que pueden
soportar, sino que con la tentación proveerá también
la vía de escape, a fin de que puedan resistirla.

1 CORINTIOS 10:13

Padre celestial, tú eres fiel y justo. Tú cumples tus promesas de amor por mil generaciones.

La tentación me acecha a la vuelta de cada esquina. Debido a la televisión, la computadora y mi propio corazón pecaminoso, batallo con el deseo de ver cosas o actuar de maneras que sé que son contrarias a tu voluntad. Por favor, perdóname y dame fuerzas para pelear esas batallas. Cuando lleguen las tentaciones, ayúdame a tener la sabiduría y la fortaleza para esquivarlas. Pon tu Palabra en mi corazón para que me esfuerce por vivir para ti.

Protege a mis amigos y familiares en este día. Hay muchas cosas que compiten por su atención. Aleja de ellos las maquinaciones del maligno, y permite que el deseo de ellos siempre sea agradarte.

Gracias por tu promesa de ayudarnos en medio de nuestras tentaciones y batallas.

En el nombre de Jesús, amén.

139

Muéstrate en todo como ejemplo de buenas obras, con
pureza de doctrina, con dignidad, con palabra sana e
irreprochable, a fin de que el adversario se avergüence
al no tener nada malo que decir de nosotros.

TITO 2:7-8

Padre, tú no tratas a tu pueblo como se merece, sino que estás lleno de gracia, misericordia, paciencia y perdón. Tu asombroso perdón de todos nuestros pecados me maravilla.

Permite que tu integridad y tu carácter fluyan a través de mí. Muchas personas que conozco y con las que trabajo no te conocen. Te pido que me ayudes a mantener mi comportamiento coherente con el hecho de ser un cristiano, de modo que puedan verte a través de mí. Dame oportunidades de compartir tu amor con aquellos que me rodean.

Infunde tus pensamientos y deseos en mi familia, y permite que siempre podamos tenerlos presentes en nuestro hogar. Guíanos a buscar tu plan para nuestras vidas, y mantente con nosotros hoy cuando cada uno vaya por su camino.

Gracias por mostrarnos lo que es bueno ante tus ojos. En el nombre de Jesús, amén.

140

Huye, pues, de las pasiones juveniles y sigue
la justicia, la fe, el amor y la paz, con los que
invocan al Señor con un corazón puro.

2 TIMOTEO 2:22

Dios, tú reúnes a tu pueblo de todas partes del mundo, porque eres el buen Pastor que junta y protege a su rebaño.

Ayúdame a ganar la batalla contra la lujuria. Lucho con hábitos y pensamientos que sé que no quieres que tenga. A veces me siento impotente, y por eso te pido que me guíes a un buen amigo cristiano a quien le pueda rendir cuentas. Ayúdame a obtener la victoria en esta batalla.

Protege mi hogar y mi familia de las fuerzas destructivas. Mantennos a salvo y guarda nuestros corazones. Danos sabiduría para saber cómo hacer que nuestro hogar sea un lugar puro y seguro.

Estoy agradecido porque nos has dado una comunidad de creyentes que se ayudan y animan entre sí. Gracias, porque debido a esa comunidad y a tu presencia fiel, no estoy solo en esto.

En el nombre de Jesús, amén.

141

Cuán bienaventurado es el hombre que teme al SEÑOR,
Que mucho se deleita en Sus mandamientos.
Poderosa en la tierra será su descendencia;
La generación de los rectos será bendita.

SALMOS 112:1-2

Todopoderoso Dios, la profundidad de tu sabiduría no tiene fin. La magnitud de tus planes es inmensurable. ¡Eres grande y poderoso!

Ayúdame a estar completamente comprometido con tus palabras y mandamientos. Lléname del Espíritu Santo y del deseo de hacer tu voluntad en todo momento. Guíame a ser una persona piadosa e íntegra para que viva para ti y conozca tus bendiciones.

Quiero con todo mi corazón que mis amigos y familiares tengan una relación sólida contigo, y que te sigan con amor y reverencia todos los días de sus vidas. Ten misericordia de ellos, y dales de tu gracia para que puedan conocerte.

Gracias por darnos el poder de seguirte aun cuando pensamos que no podemos hacerlo. Estoy agradecido por el Espíritu Santo, que me guía con delicadeza.

En el nombre de tu Hijo, amén.

142

Si es posible, en cuanto de ustedes dependa,
estén en paz con todos los hombres.

ROMANOS 12:18

Dios todopoderoso, celebraremos tu abundante bondad y gritaremos de alegría por tu desbordante gracia.

Guárdame de los conflictos insignificantes que pueden interrumpir mi vida y que no dan una buena imagen de ti. Ayúdame a ser un pacificador. Muéstrame las personas a las que tengo que acudir para sanar una división. Dame el poder para caminar con integridad por amor a tu nombre.

Bendice mi matrimonio eliminando cualquier conflicto entre mi cónyuge y yo, e impide que el maligno cree tensión y roces. Enséñanos a los dos a depender de ti y tu enseñanza. Pon tu espíritu de paz en nuestro hogar.

Estoy agradecido porque nos muestras el camino que es bueno y verdadero. Gracias por ser el Príncipe de paz.

En el nombre de Cristo, amén.

143

Crea en mí, oh Dios, un corazón limpio,
Y renueva un espíritu recto dentro de mí.

SALMOS 51:10

Padre nuestro que estás en los cielos, tú eres el gran Redentor. Bajaste del cielo y salvaste a la humanidad con tu mano poderosa. Tu amor no tiene comparación.

Me siento abrumado y avergonzado por mi pecado. Por mucho que peleo y batallo, sigo tropezando y cayendo demasiadas veces. Por favor, perdóname. Tú conoces mi corazón mejor que yo. Te pido que me limpies y me renueves para que pueda tener un espíritu nuevo dentro de mí.

Recuérdale hoy a mi familia que tú eres el Dios que restaura las almas y sana las heridas. Enséñales a no tener miedo nunca de acercarse a ti para pedir perdón.

Gracias porque te agrada reconciliar a tu pueblo. Estoy muy agradecido por servir a un Dios que nos sigue amando sin importar las veces que nos equivoquemos.

En el nombre de tu Hijo, amén.

ORACIONES *por*
AMOR Y
MATRIMONIO

144

He aprendido a contentarme cualquiera
que sea mi situación.

FILIPENSES 4:11

Señor, tu ley es perfecta y transforma el alma. Tu testimonio es puro y sabio. Tú eres el defensor de todos los que confían en ti.

Todos los días soy bombardeado con mensajes que me dicen que necesito tener más para ser feliz y estar satisfecho. Ayúdame a no escuchar esos mensajes o estar atento a lo que otros tienen. Enséñame a encontrar mi plenitud en ti, no en una casa más grande o más cosas. Enséñame lo que es el verdadero contentamiento.

Por favor, ayúdanos a mi cónyuge y a mí a permanecer unidos en lo que respecta a cómo manejamos nuestro dinero y nuestros recursos. Recuérdanos ser francos y sinceros mutuamente en esta área. Mantén a raya nuestros deseos para que no estemos persiguiendo las últimas tendencias; en cambio, llena a nuestra familia de gratitud y satisfacción.

Gracias por proveer todo lo que necesitamos y enseñarnos lo que no necesitamos. Gracias por ser la fuente de equilibrio en un mundo frenético.

En el santo nombre de Jesús, amén.

145

En el amor no hay temor, sino que el
perfecto amor echa fuera el temor.

1 JUAN 4:18

Padre celestial, solo tu amor es perfecto. Este nunca falla. Siempre tiene la razón y echa fuera el temor.

Necesito tu amor para mi cónyuge. Cuando estoy ocupado o estresado, no siempre muestro la profundidad de mi amor, y por eso te pido que permitas que tu amor fluya a través de mí hacia mi cónyuge.

Ama hoy a mi cónyuge de una manera tangible. Echa fuera todo temor con tu perfecto amor.

Gracias porque tu amor no falla, aunque el mío sí lo haga. Estoy muy agradecido por el cónyuge que me has dado, y te pido que me ayudes a demostrarlo hoy.

En tu nombre oro, amén.

146

«Porque los montes serán quitados
Y las colinas temblarán,
Pero Mi misericordia no se apartará de ti,
Y el pacto de Mi paz no será quebrantado»,
Dice el Señor, que tiene compasión de ti.

ISAÍAS 54:10

Amado Padre, tú eres fiel a tus promesas. Siempre cumples tu palabra, y tu amor es eterno.

Muéstranos cómo ser más amorosos y cariñosos. Muéstranos cómo animarnos, apoyarnos y disfrutar del regalo del matrimonio. Padre, por favor, guarda el corazón de mi cónyuge y el mío también. Llévanos más cerca de ti y también el uno del otro. Danos un amor sobrenatural entre nosotros.

Gracias porque eres el mejor creador y cumplidor de pactos.

En el santo nombre de Jesús, amén.

147

Y a Aquel que es poderoso para hacer todo mucho más
abundantemente de lo que pedimos o entendemos,
según el poder que obra en nosotros, a Él sea la
gloria en la iglesia y en Cristo Jesús por todas las
generaciones, por los siglos de los siglos. Amén.

EFESIOS 3:20-21

Padre, tú puedes hacer más de lo que yo podría pedir o imaginar.

Hay áreas de mi matrimonio que parecen rotas e imposibles de arreglar. Pido que tu restauración y tu amor hagan más por nuestra relación de lo que yo pensé que sería posible.

Protege a aquellos que nos rodean y que son afectados por nuestras dificultades, especialmente a nuestra familia más cercana. Rodéalos y danos discernimiento cuando hablamos con ellos.

Gracias porque tú todavía haces milagros y tu amor trae restauración a todas las generaciones. Nuestros familiares son parte de esa promesa, y estoy muy agradecido por poder verla hecha realidad en sus vidas ahora mismo.

En el nombre de Jesús, amén.

148

Y Él les dijo: «Por la poca fe de ustedes; porque en verdad les digo que si tienen fe como un grano de mostaza, dirán a este monte: "Pásate de aquí allá", y se pasará; y nada les será imposible».

MATEO 17:20

Amado Dios, tú creaste el mundo desde lo más alto de los cielos hasta lo más profundo del mar. Conoces cada detalle de tu creación.

Haz crecer hoy mi fe, porque es débil. Los problemas matrimoniales y los desacuerdos en casa me agotan. Te pido que muevas montes en mi corazón y en mi familia.

Dios, permanece hoy con mi cónyuge. Llénanos de paz y comprensión el uno por el otro y por nuestra familia.

Gracias porque sigues moviendo montes y aceptando mi fe sin importar su estado. Estoy agradecido por la comprensión y el apoyo de mi cónyuge. Me siento valioso cuando mi cónyuge me protege y me muestra lo mucho que me ama.

En el nombre de Jesús, amén.

149

El Señor peleará por ustedes mientras
ustedes se quedan callados.

ÉXODO 14:14

Dios altísimo, tú peleas por nosotros. Eres el supremo vencedor en todas las batallas.

Recuérdame hoy, Padre, que esta batalla no es mía. Cuando me pongo a la defensiva con mi cónyuge o quiero ganar siempre en cada discusión, recuérdame que esta no es mi batalla; es tuya.

Pelea por mi familia hoy. Cuando el enemigo intente robar nuestro gozo, pelea por nosotros. Cuando el enemigo intente decirnos que no somos lo suficientemente buenos, pelea por nosotros también.

Gracias por pelear por mi familia.

En tu nombre lo pido, amén.

150

*Amados, no se venguen ustedes mismos sino
dejen lugar a la ira de Dios, porque está escrito:
Mía es la venganza; yo pagaré, dice el Señor.*

ROMANOS 12:19, RVA-2015

Dios, tus juicios se llevan a cabo con tu perfecto amor. No puedo discutir con tu voluntad perfecta.

Fija en ti mis ojos y mi corazón hoy. Estoy guardando rencores contra mi cónyuge, y quiero librarme de ellos. Enséñame a dejar mi dolor en tus manos.

Llena a mi cónyuge hoy de gracia inesperada para mí y nuestra familia. Que el corazón de mi cónyuge sea blando ante tus ojos, y que tu amor refresque el espíritu de mi cónyuge.

Te doy gracias por tu fidelidad, que es segura, fuerte y eterna.

En el nombre de Jesús, amén.

151

Y todo esto procede de Dios, quien nos reconcilió
con Él mismo por medio de Cristo, y nos
dio el ministerio de la reconciliación.

2 CORINTIOS 5:18

Padre de las luces, eres un Dios de reconciliación. Tú brindas paz y esperanza incluso en medio de las circunstancias más desesperadas.

Dame el deseo de reconciliarme con mi cónyuge cuando discutimos. Es fácil quedarse enojado y negarse a perdonar. Te pido que nos traigas paz y permitas que tu amor sobreabunde en mi vida.

Llénanos a mi cónyuge y a mí de paciencia y gracia. Cuando estemos enemistados, recuérdanos que tú puedes sanar todas las heridas.

Gracias por el regalo de la gracia y su poder para transformar las relaciones. Gracias por la obra que ya has hecho en nuestro matrimonio y el gozo que nos has dado. Cuando mi cónyuge me sorprende con un detalle especial, me maravillo de tu bondad al poner a ese asombroso ser humano en mi vida.

En el nombre de Cristo oro, amén.

152

Y Él te dará lluvia para la semilla que
siembres siembres en la tierra, y el pan del
producto de la tierra será rico y abundante.

ISAÍAS 30:23

Padre amoroso, tu cosecha es abundante. Me das el deleite de ver a mi cónyuge crecer y cambiar a diario. Solo tú mereces la gloria, el honor y la alabanza.

Derrama tu misericordia sobre mí, para que mi legado sea una vida de calidad sazonada con bondad, compasión y sentido del humor. Que nuestro hogar sea recordado como un lugar seguro y lleno de alegría.

Por favor, ayuda a mi cónyuge a sentir tu presencia y tu amor en todas las áreas de la vida. Cuando mi cónyuge se sienta solo o fuera de lugar, recuérdale que tú siempre estás presente.

Gracias por amarnos lo suficiente como para nutrirnos a través de tu Palabra.

En tu nombre, amén.

153

Pero el fruto del Espíritu es amor, gozo, paz, paciencia,
benignidad, bondad, fidelidad, mansedumbre,
dominio propio; contra tales cosas no hay ley.

GÁLATAS 5:22-23

Padre celestial, tú eres la fuente de gozo, paz y amor, lo cual se demuestra a través del sacrificio de tu Hijo en la cruz.

En los días en que mi paciencia se acaba y temo exteriorizar mi frustración, recuérdame tu misericordia hacia mí. Llévate el agotador sentimiento de estrés y sustitúyelo por una abundante porción de autocontrol sazonado con paciencia y bondad.

Cuando a mi cónyuge se le haya acabado la paciencia, por favor, dale de la tuya. Recuérdale que tú ves cada situación y momento de estrés.

Gracias por ser ejemplo para nosotros a través de tu Hijo, que fue la personificación de los frutos del Espíritu en todos los aspectos. Gracias por hacerme más como Él cada día.

En su precioso nombre, amén.

154

Sean comprensivos con las faltas de los demás y
perdonen a todo el que los ofenda. Recuerden que el
Señor los perdonó a ustedes, así que ustedes deben
perdonar a otros. Sobre todo, vístanse de amor,
lo cual nos une a todos en perfecta armonía.

COLOSENSES 3:13-14, NTV

Padre, tu perdón es más grande que la distancia entre el oriente y el occidente. Me asombras con tu amor.

Cuando estoy dolido, a veces me resulta difícil deshacerme de ese sentimiento. Si mi cónyuge es crítico conmigo, deseo guardarle rencor. Ablanda mi corazón con suaves recordatorios de tu gracia y tu perdón. Recuérdame que lo importante no es si otra persona necesita misericordia, ya que yo soy un pecador y también la necesito.

Dios, ayúdanos a amarnos el uno al otro. Ayúdanos a llevarnos bien y establecer una relación que te honre a ti. Bendice el amor que tengo por mi cónyuge, y guíanos a solucionar los problemas con compasión y comprensión.

Gracias por hacer el mayor sacrificio posible para rescatar los corazones indignos de la humanidad. Gracias por amar tanto a tu creación.

En el nombre de Jesús, amén.

155

Amados, si Dios así nos amó, también nosotros debemos
amarnos unos a otros. A Dios nunca lo ha visto
nadie. Si nos amamos unos a otros, Dios permanece
en nosotros y Su amor se perfecciona en nosotros.

1 JUAN 4:11-12

Dios, tu amor cubre todo pecado y nos deja blancos como la nieve.

Ayúdame a amar a mi cónyuge, que a veces parece imposible de amar. Algunos días quiero hacer como si mi cónyuge no estuviera, y por eso te pido que ablandes mi corazón para que pueda ver a mi cónyuge a través de tus ojos. Dame sabiduría y compasión.

Padre, toca el corazón de mi cónyuge. Enséñale a través de mis actos, que tú eres un Dios poderoso que ama incondicionalmente. Quiero ser un ejemplo de quien tú eres.

Gracias por amarme incluso cuando es imposible amarme. Gracias por perdonarme y por mirar mi alma y decidir que era digna de salvación.

En el nombre de tu Hijo, amén.

156

Lo que también han aprendido y recibido y oído y visto en mí, esto practiquen, y el Dios de paz estará con ustedes.

FILIPENSES 4:9

¡Dios, toda la gloria y el honor sean para ti, porque nos diste a Jesús, nuestro Salvador!

A medida que aprendo de tu Palabra, permíteme poner en práctica esa sabiduría en mi matrimonio. Ayúdame a mejorar mi matrimonio aumentando mis expectativas para mí mismo. Quiero manejarlo con sabiduría, como tú haces conmigo.

Te pido que mi cónyuge pueda acercarse más a ti y aplicar tu Palabra a nuestro matrimonio.

Gracias por amarme lo suficiente para guiar mis pasos. Gracias por recordarme que aplicar tu verdad me ayuda a crecer en tu amor.

En tu santo nombre, amén.

157

Y si alguien puede prevalecer contra el que está solo,
dos lo resistirán.
Un cordel de tres hilos no se rompe fácilmente.

ECLESIASTÉS 4:12

Padre celestial, tú eres la fuente de la verdad y haces declaraciones constantes acerca de tu amor.

Recuérdame que cuando tengo una buena idea o una estrategia exitosa, puedo apoyar a mi cónyuge al compartirla. Ayúdame a hacerlo con un espíritu de amor, ofreciendo ayuda y colaboración sin dar la impresión de que creo que lo sé todo.

Permite que mi cónyuge tenga la libertad de hablar las cosas conmigo. Humíllanos, abre nuestros corazones, y mantennos arraigados en la resolución de ser una familia.

Gracias por tu amor. Gracias por enseñarnos cómo dar y recibir, y por hacernos mejores a través de la colaboración.

En tu nombre, amén.

158

*Un mandamiento nuevo les doy: «que se amen los unos
a los otros»; que como Yo los he amado, así también se
amen los unos a los otros. En esto conocerán todos que
son Mis discípulos, si se tienen amor los unos a los otros.*

JUAN 13:34-35

Querido Dios, tú eres amor. Lo sé porque lo dice tu
Palabra, y porque sé que me amas mucho.

Ayúdame a amar a las otras personas como tú las
amas. Cuando comience una nueva relación en mi vida,
no permitas que quede atrapado en lo que el mundo dice
que es el amor. Enséñame lo que es el amor verdadero.

Muéstrales tu amor a las personas que forman parte
de mi vida y llénalas del mismo hasta que tu amor sea lo
único que necesiten.

Gracias por amarnos sin importar de dónde veni-
mos, quiénes somos, o lo que hacemos.

En el nombre de Jesús, amén.

159

Anden como es digno del llamamiento con que fueron
llamados: con toda humildad y mansedumbre,
con paciencia, soportándose los unos a los otros
en amor, procurando con diligencia guardar la
unidad del Espíritu en el vínculo de la paz.

EFESIOS 4:1-3, RVA-2015

Padre, tú enviaste a tu Hijo para servirnos aquí en la tierra aunque no lo merecíamos. Sin embargo, nos amaste tanto que lo hiciste de todas formas.

Perdóname por mi egoísmo, especialmente en mi relación con mis amigos y seres queridos. Pienso en mí mismo la mayoría del tiempo, pero te pido que me ayudes a pensar en ti y los demás primero.

Conozco a muchas personas maravillosas con un corazón de siervo. Por favor, te pido que les des el ánimo y las fuerzas que necesitan para seguir sirviendo y amando a los demás.

Gracias por estos buenos ejemplos que has puesto en mi vida.

En el nombre de Cristo oro, amén.

ORACIONES *por* MI FUTURO

160

*Estoy convencido precisamente de esto: que
el que comenzó en ustedes la buena obra, la
perfeccionará hasta el día de Cristo Jesús.*

FILIPENSES 1:6

Padre, tú diriges mis pasos. Sabes todo acerca de mi futuro, y cuidas de mí.

Hoy me siento abrumado por las decisiones que tengo que hacer. No estoy seguro de qué camino tomar, y siento que son demasiadas cosas para manejar. Muéstrame la mejor elección en cada situación.

Permanece con mi familia hoy. Muéstrales que pueden confiar en ti sin importar cuán difícil o confusa sea la vida en este momento.

Gracias por ser un Padre bueno en quien puedo confiar cada día. Gracias por escucharme.

En el nombre de Jesús, amén.

161

Por eso les digo que todas las cosas por
las que oren y pidan, crean que ya las han
recibido, y les serán concedidas.

MARCOS 11:24

Amado Dios, tú eres sabio, amoroso y generoso. Tú no retienes nada que sea bueno para mí o alguno de tus hijos.

Te pido sabiduría en esta temporada de mi vida. Guíame a lo largo de mi día mientras conozco a nuevas personas y vivo experiencias nuevas. Hazme más sabio a medida que te conozco mejor.

Cuando se presenten situaciones, recuérdame preguntarte, antes que a nadie más, para poder tomar decisiones sabias y fortalecer mi relación contigo.

Estoy agradecido por estas nuevas oportunidades de crecer y aprender.

Te lo pido en el nombre de Cristo, amén.

162

«Porque Yo sé los planes que tengo para ustedes»,
declara el Señor, «planes de bienestar y no de
calamidad, para darles un futuro y una esperanza».

JEREMÍAS 29:11

Amado Padre, tú eres el Dios de la esperanza. Eres el Dios de mi pasado, presente y futuro.

Algunas veces las cosas son difíciles y confusas. En este preciso momento me resulta difícil creer que tengo un futuro brillante. Ayúdame a tener esperanza, y muéstrame las cosas buenas que tienes planeadas para mí.

Dales consuelo a mis amigos y a aquellos en mi familia que se sienten perdidos. Dales paz cuando se sientan angustiados, y dales esperanza cuando se sientan desanimados y solos.

Gracias por tu plan para mi vida, aunque todavía no sepa cuál es.

En el nombre de Jesús, amén.

163

Esta es la confianza que tenemos delante de
Él, que si pedimos cualquier cosa conforme a Su
voluntad, Él nos oye. Y si sabemos que Él nos
oye en cualquier cosa que pidamos, sabemos que
tenemos las peticiones que le hemos hecho.

1 JUAN 5:14-15

Dios, tú escuchas todas mis oraciones. Eres bueno, comprensivo y fiel, y nunca te cansas de escucharme.

Padre, ayúdame a entender el siguiente paso que debería dar con respecto a mi futuro. Muéstramelo cuando lea mi Biblia. Muéstramelo cuando converse con amigos y mentores llenos de sabiduría. Tú has prometido responder cuando acudimos ante ti en oración.

Conozco personas que están enojadas porque no recibieron la respuesta que esperaban. Ayúdalos a sentir tu amor por ellos y recuérdales que tú siempre escuchas sus oraciones, incluso cuando tus planes son diferentes a los suyos.

Gracias por recordarme que todas las oraciones, tanto las que son respondidas como las que no, tienen un propósito.

Te lo pido en el nombre de Jesús, amén.

164

En pos del Señor su Dios ustedes andarán y
a Él temerán; guardarán Sus mandamientos,
escucharán Su voz, le servirán y a Él se unirán.

DEUTERONOMIO 13:4

Padre bueno, escucho tantas voces en mi cabeza diciéndome qué es lo siguiente que debo hacer en mi vida, que no sé en cuál confiar. Ayúdame a saber cuál de ellas proviene de ti, que es la única voz digna de confianza.

Dame la valentía para hacer lo que me pides y confiar en que tú sabes qué es lo mejor. Te pido que esta temporada haga aumentar mi fe para poder escuchar tu voz con mayor claridad.

Gracias por estar a mi lado en este momento de cambios y por prometerme que estarás conmigo para siempre.

En el nombre de Jesús, amén.

165

Pero la sabiduría de lo alto es primeramente
pura, después pacífica, amable, condescendiente,
llena de misericordia y de buenos frutos.

SANTIAGO 3:17

Amado Dios, todos los regalos que vienen de ti son perfectos. No hay nada malo en ti, y tú nunca cometes errores.

Permite que este sea un año de renovación, en el cual te siga de un modo más intencional y con más gozo. Que mi vida muestre el fruto del Espíritu a quienes me rodean de modo que puedan verte de verdad en mí.

Enséñame lo que tengo que saber para hacer brillar la luz de la gracia sobre los demás, para testificarles a los que están a mi alrededor, y para hablarles palabras llenas de ánimo y bondad a los que me encuentre por el camino. Ayúdame a crecer en tu amor en los días venideros.

Te lo pido en el nombre de Cristo, amén.

166

*Así brille la luz de ustedes delante de los
hombres, para que vean sus buenas acciones y
glorifiquen a su Padre que está en los cielos.*

MATEO 5:16

Padre, tú estás en todos los lugares al mismo tiempo. Incluso en mis momentos más oscuros, tu luz brilla y puedo verte.

Dios, ayúdame a ser una luz hoy dondequiera que vaya. A veces siento que soy el único de mi círculo que te conoce, y puede ser difícil continuar siguiéndote. Ayúdame a defenderte, sin importar las consecuencias, para que tú seas glorificado.

Quiero que las personas con las que me encuentre te conozcan. Obra en sus corazones y pon en ellas el deseo de conocerte a ti y tu Palabra, la Biblia. Muéstrales cuánto los amas.

Gracias por las personas que he conocido y las que aún me faltan por conocer.

En tu nombre te lo pido, amén.

167

Pero busquen primero Su reino y Su justicia,
y todas estas cosas les serán añadidas.

MATEO 6:33

Amado Dios, tú eres la razón de todo lo que hago. Sin ti, no tengo propósito.

A veces me enfoco demasiado en el trabajo y en querer agradar a mi jefe y a las personas que me rodean. Cambia mi corazón, Dios. Ayúdame a querer agradarte a ti primero, porque tú eres lo más importante.

Oro a ti por mi jefe y los demás supervisores en mi trabajo. Haz desaparecer la presión que sienten, y ayúdalos a confiar en ti.

Gracias por estar conmigo incluso cuando no estoy enfocado en ti.

En el nombre de Jesús, amén.

168

En todo les mostré que así, trabajando, deben ayudar
a los débiles, y recordar las palabras del Señor Jesús,
que dijo: «Más bienaventurado es dar que recibir».

HECHOS 20:35

Amado Dios, tú nos diste el mejor regalo de todos: tu Hijo. Lo sacrificaste todo para estar cerca de nosotros.

Perdóname por permitir que las preocupaciones de mi trabajo sustituyan al servicio a los demás. Perdóname por olvidarme de interesarme por las personas que has puesto en mi vida: compañeros de trabajo, familia, amigos y personas de mi comunidad que tienen grandes necesidades. Dame un corazón de siervo.

Acércate a los que no tienen un hogar, una familia o un trabajo. Recuérdales que ellos son tus hijos e importantes para ti.

Gracias por amar a todos tus hijos.

En el nombre de Jesús, amén.

169

Escucha el consejo y acepta la corrección,
Para que seas sabio el resto de tus días.
Muchos son los planes en el corazón del hombre,
Mas el consejo del Señor permanecerá.

PROVERBIOS 19:20-21

Padre, tu Palabra permanecerá para siempre. Todo lo que has dicho es verdadero y está lleno de amor.

Necesito que me perdones por ser obstinado y confiar en mis propios planes. Enfocarme en mis propios deseos egoístas me conduce a la decepción. Ayúdame a conocer tu voluntad y caminar en ella. Por favor, aumenta mi deseo de seguir tu plan para mi vida. Ayúdame a saber cuál es ese plan.

A veces pierdo la esperanza debido a las incertidumbres de la vida y me pregunto qué hacer. Por favor, sigue dándome oportunidades inesperadas y una esperanza inamovible.

Gracias por tu perdón y tu fidelidad.

En el nombre de Cristo, amén.

170

Recuérdales que estén sujetos a los gobernantes, a las
autoridades; que sean obedientes, que estén preparados
para toda buena obra. Que no injurien a nadie,
que no sean contenciosos, sino amables, mostrando
toda consideración para con todos los hombres.

TITO 3:1-2

Amado Padre, tú eres un buen gobernante. Eres justo, y deseas siempre la justicia. Puedo confiar en tu buen juicio.

Hazme humilde hoy. Estoy luchando para sujetarme a la autoridad en mi vida y mi trabajo. Es difícil para mí seguir a un líder al que no respeto y en quien no confío. Dame sabiduría, y ayúdame a dejar pasar esta situación y entregártela a ti, porque tú sabes manejarla.

Te pido por las personas que has puesto como autoridad sobre mí. Muéstrales cómo liderar con bondad y valentía.

Gracias por interesarte por cada detalle de mi vida hoy y en el futuro.

En el nombre de Jesús, amén.

171

*No paguen a nadie mal por mal. Procuren lo bueno
delante de todos los hombres. Si es posible, en
cuanto dependa de ustedes, tengan paz con todos los
hombres. Amados, no se venguen ustedes mismos
sino dejen lugar a la ira de Dios, porque está escrito:
Mía es la venganza; yo pagaré, dice el Señor.*

ROMANOS 12:17-19, RVA-2015

Amado Dios, tú eres soberano. Nada ocurre que tú no sepas o que no te importe. Tú lo ves todo.

En este preciso momento necesito tu paz. Siento que me han hecho daño y me han culpado por cosas que no he hecho, y temo perder el respeto de mis amigos y compañeros de trabajo. Te entrego estos sentimientos. Sé que al final tú eres el único juez y quieres cosas buenas para mi vida.

Permanece con mi familia durante este tiempo. Dales esperanza y ayúdalos a confiar en ti y en mí. Hazlos más fuertes y dales gozo en medio de los momentos estresantes.

Gracias por tu misericordia y tus promesas.

En el nombre de Jesús, amén.

172

Por tanto, mis amados hermanos, estén firmes,
constantes, abundando siempre en la obra del Señor,
sabiendo que su trabajo en el Señor no es en vano.

1 CORINTIOS 15:58

Dios, tú puedes redimirlo todo. Puedes darle la vuelta a cualquier situación, por mala que sea, y hacer de ella algo mejor de lo que yo podría imaginar.

Dame esperanza en mi trabajo. No es exactamente lo que pensé que sería, y no siempre me motiva y emociona. Recuérdame que todo lo que hago es para ti, así que debería hacerlo con todo mi corazón. Recuérdame a menudo que este es el primer paso de un nuevo camino de vida.

Tengo amigos que no aman su trabajo. Recuérdales trabajar con gozo porque tú los amas, no porque tienen el empleo de sus sueños.

Estoy muy agradecido de que tu plan sea mejor que el mío.

En Cristo, amén.

173

No se dejen llevar por doctrinas diversas
y extrañas. Porque es buena cosa para el
corazón el ser fortalecido por la gracia.

HEBREOS 13:9

Dios, tú eres realmente todo lo que necesito. Tu gracia es suficiente para mí.

A menudo siento como si no supiera lo que estoy haciendo. Me da miedo fracasar. Pero, Señor, sé que tu poder se perfecciona en mi debilidad, así que por favor, sé tú mi fortaleza en este día.

Algunos de mis familiares necesitan recordar tu gracia. Trabajan muy duro, pero nunca parece suficiente. Muéstrales tu gracia: un regalo que no tienen que ganarse.

Te agradezco por tu gracia y tu fortaleza, que me levantan y me dan esperanza para el futuro.

En tu nombre, amén.

ORACIONES *por* CRIANZA DE LOS HIJOS

174

Al presente ninguna disciplina parece ser causa
de gozo, sino de tristeza. Sin embargo, a los
que han sido ejercitados por medio de ella,
después les da fruto apacible de justicia.

HEBREOS 12:11

Amado Padre, tú eres justo y digno de mi alabanza. Tú eres el único Dios verdadero, y me asombro de ti.

Algunas veces batallo para saber cómo criar a mis hijos. Ellos necesitan disciplina y necesitan amor, y no siempre sé cómo mantener el equilibrio entre ambas cosas. Muéstrame el camino en este asunto.

Permanece con mis hijos cuando se pelean y discrepan. Dales un amor piadoso a los unos por los otros, y una comprensión y un aprecio más profundos para nuestra familia.

Gracias por los placeres inesperados de la crianza de los hijos. Gracias por los abrazos mañaneros y las risas en la tarde, y por estar con nosotros a lo largo del día.

En el nombre de Jesús, amén.

175

Un don del Señor son los hijos,
Y recompensa es el fruto del vientre.

SALMOS 127:3

Todopoderoso Dios, tu amor es inmensurable. Tu amor es tan grande que enviaste a tu único Hijo para morir por mí y mi familia.

Tengo muchas preocupaciones acerca de mis hijos y si seré o no un buen padre para ellos. Los amo mucho y quiero lo mejor para sus vidas, pero a menudo dudo de mí mismo y de mis habilidades para criarlos. Dame tu paz mientras me esfuerzo por hacer lo mejor que puedo, y dame la sabiduría, el discernimiento y la confianza para tomar las decisiones correctas para ellos.

Permanece con nosotros hoy al guiar y amar a nuestros hijos. Danos la paciencia y el conocimiento que necesitamos para guiar a nuestra familia en este día.

Gracias por las bendiciones y el gozo de ser padres. Pero sobre todo, gracias por amar a mis hijos más de lo que yo podría hacerlo.

Te lo pido en el nombre de Cristo, amén.

176

*Regocíjense en el Señor siempre. Otra
vez lo diré: ¡Regocíjense!*

FILIPENSES 4:4

Señor, tú eres el Dios del cielo y de la tierra. Tú lo sabes todo desde el principio hasta el final, y nos has creado para estar contigo por toda la eternidad. ¡Que siempre alabemos tu nombre!

Quiero permanecer enfocado en ti y en el placer de saber que estaré contigo para siempre. No permitas que el maligno nuble mis pensamientos y me robe el gozo de ser uno de tus hijos. Mantén mis ojos y mis pensamientos en la eternidad que pasaré contigo.

Camina conmigo hoy y siempre. Enséñame a apreciar y disfrutar tus abundantes bendiciones, incluyendo a mis hijos. Recuérdales que siempre estarás ahí para ellos, incluso si yo no estoy.

Gracias por salvarme y amarme. Gracias por derramar tu Espíritu en mí y permitirme ver un destello de lo que será estar contigo en el cielo.

En el nombre de Cristo, amén.

177

La suave respuesta aparta el furor,
Pero la palabra hiriente hace subir la ira.

PROVERBIOS 15:1

Padre celestial, tú nos hablas por medio de suaves susurros, y sin embargo, tus palabras tienen el poder de la vida eterna. Me asombran tus caminos poderosos.

A veces les digo cosas a mis hijos de las que luego me arrepiento. Recuérdame el impacto que tienen sobre ellos mis palabras. Perdóname y sana cualquier herida que haya podido causar. Guía mis pensamientos y palabras para que pueda confortar a mis hijos y no desalentarlos. Ablanda mi corazón y el modo en que me expreso.

Levanta el ánimo de mis hijos hoy. Bendícelos con tu aliento y edifícalos dándoles gozo y reverencia por ti. Que la amabilidad y la gentileza fluyan en nuestro hogar.

Gracias por domar mi lengua y darme el deseo de cultivar el espíritu de mis hijos con amor. Estoy muy agradecido porque me has dado estos hijos.

En el nombre de tu Hijo, amén.

178

*Él hará volver el corazón de los padres hacia los
hijos, y el corazón de los hijos hacia los padres.*

MALAQUÍAS 4:6

Padre, tú eres un Dios amoroso y lleno de perdón. Eres nuestro abogado y nuestro Redentor, y tratas a tu pueblo con justicia y compasión.

Enséñame a perdonar como tú lo haces y a modelar esa gracia y misericordia para mi cónyuge y mis hijos. Ayúdame a ser el tipo de padre al que mi familia siempre puede acudir sin temor a mi reacción. Fortalece en nuestro hogar el amor de los unos por los otros y por ti.

Obra en los corazones de mis hijos para que tengan un espíritu de arrepentimiento. Ayúdanos a ser honestos y transparentes en nuestras relaciones, y guíanos para que podamos seguir tu ejemplo cuando nos hagan daño o estemos dolidos.

Estoy agradecido por tu gracia y tu misericordia en nuestras vidas. Gracias por acercarnos a ti y hacer posible el perdón verdadero.

En el nombre de Jesús, amén.

179

Y el Dios de la esperanza los llene de todo
gozo y paz en el creer, para que abunden en
esperanza por el poder del Espíritu Santo.

ROMANOS 15:13

Padre celestial, tú transformas nuestra tristeza en baile y nuestras derrotas en celebraciones. Tú eres el Dios que renueva a su pueblo.

Aunque tengo muchas razones para estar lleno de gozo y agradecido, muchas veces me enfoco en las cosas oscuras y negativas de mi vida. Lléname de nuevo con tu gozo, tu paz y un nuevo aprecio por tus bendiciones. Enséñame a divertirme y a encontrar placer en la vida que me has dado.

Mi familia necesita tu presencia continua. Cuando mis hijos sean mayores, permite que recuerden que nuestro hogar estaba lleno de felicidad y risas. Dales ojos que busquen el gozo a pesar de cuáles sean sus circunstancias.

Gracias por el regalo del gozo y la felicidad, y por todos los placeres relacionados con ser tu hijo.

En el nombre de Jesús, amén.

180

Estas palabras que yo te mando hoy, estarán
sobre tu corazón. Las enseñarás diligentemente
a tus hijos, y hablarás de ellas cuando te sientes
en tu casa y cuando andes por el camino,
cuando te acuestes y cuando te levantes.

DEUTERONOMIO 6:6-7

Dios, tú eres quien hizo los cielos y la tierra, el Creador todopoderoso. Eres digno de toda la alabanza y el honor.

Lléname de tu Espíritu y dame tus pensamientos. Ayúdame a comunicarles tus palabras y enseñanzas a mis hijos. Guía mis pensamientos y nuestras conversaciones para que, como familia, hablemos más sobre ti y aprendamos más de ti. Enséñame a ser un ejemplo piadoso para mis hijos, de modo que eso los anime a seguirte.

Desciende y toca el corazón de mis hijos, Señor. Abre sus oídos y sus corazones a tus palabras y tu corazón, y quita todas las barreras que el maligno ponga en su camino.

Gracias por el amor de mis hijos y por permitirme criarlos. Estoy agradecido por la oportunidad de hablarles sobre ti.

En el nombre de Jesús, amén.

ORACIONES *por* PACIENCIA Y EQUILIBRIO

181

Espera al Señor;
Esfuérzate y aliéntese tu corazón.
Sí, espera al Señor.

SALMOS 27:14

Padre celestial, tú eres lento para la ira, compasivo y muy paciente. Tu tiempo es perfecto y tus caminos son rectos.

Perdóname por ser impaciente y olvidar que estás guiando mis pasos. Dame paz para estar contento con tus tiempos y dirige cada parte de mi vida. Modera mi deseo de controlarlo todo, y enséñame a esperar tu voz y escucharla.

Trae un espíritu de calma a nuestro hogar hoy, y permite que mi familia y mis amigos descansen en tu tierno cuidado. Que podamos dar pasos pequeños, pero firmes hacia una fe más madura.

Gracias por hacer lo que es mejor para nosotros en tu tiempo, no en el nuestro, mientras cuidas de nuestras vidas.

En el nombre de Jesús, amén.

182

Porque todo lo que fue escrito en tiempos pasados,
para nuestra enseñanza se escribió, a fin de
que por medio de la paciencia y del consuelo
de las Escrituras tengamos esperanza.

ROMANOS 15:4

Señor, tú hablaste y los cimientos de la tierra y el cielo fueron creados. Eres eterno y nunca cambias. ¡Eres el magnífico Creador!

Hay días en los que la esperanza se siente muy lejana, en los que parece que nada importa y todo está fuera de control. Ayúdame a luchar contra estos sentimientos y, en cambio, a depender de lo que tú has prometido: que tienes un plan para mí y que este es bueno.

Recuérdales hoy a mi familia y mis amigos que tú tienes un plan para todos nosotros. Consuélalos con el conocimiento de que tienes el control y todo lo que haces es por nuestro bien. Calma nuestro espíritu, y permite que podamos estar unidos mientras buscamos tu voluntad para nuestras vidas.

Gracias por devolvernos la esperanza. Estoy agradecido de que nos cuidas lo suficiente como para sostener nuestro futuro en tus manos.

En el nombre de tu Hijo, amén.

183

El Señor Dios es mi fortaleza;
Él ha hecho mis pies como los de las ciervas,
Y por las alturas me hace caminar.

HABACUC 3:19

Padre que estás en los cielos, eres infinitamente capaz de hacer todo lo que podamos pedir o imaginar. Tú eres digno de toda la gloria y el honor.

Te necesito. La mayoría de los días me siento sin fuerzas ni deseo. Intento hacer todo lo posible para servir a mi familia y mi comunidad, pero me canso. Por favor, renueva mis fuerzas. Devuélveme la energía y la pasión que tenía cuando empecé a seguirte; dame el deseo de vivir la vida que tú has diseñado para mí.

El ritmo frenético de la vida parece apoderarse de nuestra familia a veces. Siempre hay un lugar al que ir o tenemos algo que hacer. Incluso las funciones en la iglesia y el servicio a los demás pueden resultar agotadores. Padre, ¿podrías renovarnos para poder servir mejor a ti y a los demás?

Tú eres nuestra fuente de fortaleza en tiempos de caos. Gracias por ser nuestra ayuda permanente.

En el nombre de Jesucristo, amén.

184

Por tanto, tengan cuidado cómo andan; no como
insensatos sino como sabios, aprovechando bien el tiempo.
EFESIOS 5:15-16

Padre, las maravillas que has hecho son abundantes, y tus planes son grandiosos. ¡Eres grande y haces cosas maravillosas!

A veces me siento dividido, y parece que mi vida se desvía del camino. Enséñame a mantener mi relación contigo y mis responsabilidades con mi familia como mis prioridades más importantes. Ayúdame a mantener el orden en mi vida y a manejar mi tiempo y mis posesiones de manera sabia.

Transforma a mi familia y el modo en que pensamos con respecto a los horarios. Muchas veces estamos muy ocupados, dedicando nuestro tiempo y nuestra atención a muchas cosas que no perdurarán. Trae de vuelta la estabilidad y el equilibrio a nuestro hogar.

Gracias por cada temporada de la vida. Estoy agradecido de que tú quieras que disfrutemos de todas las bendiciones que nos has dado.

En el santo nombre de Jesús, amén.

185

Y Él les dijo: «Vengan, apártense de los demás
a un lugar solitario y descansen un poco».

MARCOS 6:31

Amado Señor, tu descanso es una bendición para todos aquellos que claman a ti. Tú eres el refugio y el consuelo durante las tormentas. Tú eres el gran Yo Soy.

Estoy agotado. El trabajo, cuidar a mi familia e intentar cumplir con mis obligaciones me dejan exhausto. Enséñame a tener un día de reposo y darle descanso a mi cuerpo, mi mente y mi alma para poder servirte mejor y ser el cristiano que quiero ser.

Recuérdale a mi familia lo que significa disminuir el ritmo y descansar. Muéstrales que está bien tomar un tiempo libre para renovar las fuerzas, y ayúdalos a usar ese tiempo para enfocarse en ti y la vida que tienes para ellos.

Gracias no solo por darnos permiso para descansar, sino también por mostrarnos cómo hacerlo.

En tu nombre, amén.

186

Donde esté tu tesoro, allí estará también tu corazón.

MATEO 6:21

Padre, tu Hijo es el mayor tesoro del cielo. Él es el regalo supremo y el poderoso Salvador. Su nombre será alabado para siempre.

En mi corazón pongo cosas por encima de ti y tu voluntad. Por favor, perdóname. Restaura mi deseo de ponerte a ti, tu sabiduría y tus instrucciones para mi vida por encima de todo lo demás. Haz que mis tesoros no sean las cosas de este mundo, sino los buenos regalos que tienes para mí.

Por favor, ayúdame a evitar las trampas de este mundo. Ayúdame a mantener mis prioridades en orden y tomar las decisiones correctas.

Gracias por ordenar el desorden de mi vida y volver mi atención a ti. Gracias por todas tus maravillosas bendiciones.

En el nombre de tu Hijo, amén.

187

Todo lo que es verdadero, todo lo digno, todo lo justo,
todo lo puro, todo lo amable, todo lo honorable, si hay
alguna virtud o algo que merece elogio, en esto mediten.

FILIPENSES 4:8

Padre celestial, tú eres la fuente de todo lo que es bello y bueno. Tú eres el manantial de vida y de todo lo que existe. Tu nombre es digno de toda la alabanza y el honor.

Me quedo demasiado atrapado en los aspectos negativos y deprimentes de este mundo, y mi mente se desvía de ti. Ayúdame a enfocarme en las cosas buenas y positivas que me das. Cuando me incline hacia lo negativo, recuérdame enfocarme de nuevo en las características de tu carácter, y permite que otros vean en mí tus cualidades positivas.

No permitas que el maligno distorsione mi visión de tu mundo. Independientemente de cuáles sean las circunstancias, haz que siempre pueda ver la belleza de tu mano sobre mi vida.

Gracias por derramar la magnificencia de tu carácter sobre nuestro mundo. Estoy agradecido porque nos has dado ojos para ver tu obra.

En el nombre de Cristo Jesús, amén.

ORACIONES *por* PAZ Y PROTECCIÓN

188

Pues Él dará órdenes a Sus ángeles acerca de ti,
Para que te guarden en todos tus caminos.
En sus manos te llevarán,
Para que tu pie no tropiece en piedra.

SALMOS 91:11-12

Padre, tú eres el defensor de tu pueblo y el protector de la justicia. Sin ti no puedo hacer nada.

Soy llamado a lugares peligrosos en los que necesito tu protección y guía sobrenaturales. Por favor, pon ángeles a mi alrededor que me protejan de los peligros visibles e invisibles que hay en mi vida. Permite que sean mi escudo y mi guía.

Rodea a mi familia y mis amigos con tus guerreros angelicales. Mantén al maligno alejado de ellos, y dales a mis seres queridos consuelo al saber que tú peleas por ellos. Protege cada paso que den en este día.

Gracias por utilizar a tu ejército de ángeles para cuidarnos y pelear por nosotros. Estoy agradecido por las muchas maneras en que cuidas a mi familia, a mis amigos y a mí.

En el santo nombre de Cristo, amén.

189

Mejor es el fin de un asunto que su comienzo [...]
No digas: «¿Por qué fueron los días pasados
mejores que estos?».
Pues no es sabio que preguntes sobre esto.
Buena es la sabiduría con herencia,
Y provechosa para los que ven el sol.

ECLESIASTÉS 7:8, 10-11

Padre, tú eres el principio y el fin. El tiempo no te limita, y sabes con antelación todo lo que ocurrirá.

Hoy me siento triste y necesito tu consuelo. Estoy pasando por un tiempo difícil que requiere cambios. Restaura mi esperanza en esta temporada de cambio.

Algunos de mis amigos y familiares no entienden por qué estoy sufriendo. Ayúdalos a saber que tú tienes un plan y un propósito especial para cada persona. Sé que me protegerás.

Gracias por tus nuevos comienzos.

En el nombre de Jesús, amén.

190

Por tanto, no desechen su confianza, la cual tiene
gran recompensa. Porque ustedes tienen necesidad
de paciencia, para que cuando hayan hecho la
voluntad de Dios, obtengan la promesa.

HEBREOS 10:35-36

Amado Dios, tu tiempo es perfecto. Nunca permites que algo ocurra demasiado pronto o demasiado tarde.

Sin embargo, no me siento preparado para este siguiente paso en la vida. No sé lo que está por llegar, y esa incertidumbre hace tambalear mi confianza. Por favor, Padre, sustituye esa incertidumbre por una sensación de confianza tranquila, sabiendo que tú estás guiando mi vida. Sé mi roca. Recuérdame que me apoye en ti.

Gracias porque todo en mi vida puede ser usado para tus propósitos.

Te lo pido en el nombre de Cristo, amén.

191

Una cosa hago: olvidando lo que queda atrás
y extendiéndome a lo que está delante, prosigo
hacia la meta para obtener el premio del supremo
llamamiento de Dios en Cristo Jesús.

FILIPENSES 3:13-14

Amado Padre, tú perdonas y olvidas todos mis pecados, y eres la razón por la cual puedo vivir sin remordimientos.

Señor, en este momento tengo muchas preguntas sobre lo que ocurrirá. Seguir caminando es difícil cuando tengo preguntas acerca de mi pasado, cuando la culpa y el remordimiento llaman a mi puerta. Dame la valentía para seguir avanzando hacia la meta y no mirar atrás.

Gracias por Cristo, que nos ha hecho libres.

En su nombre, amén.

192

No recuerden las cosas anteriores
Ni consideren las cosas del pasado.
Yo hago algo nuevo,
Ahora acontece;
¿No lo perciben?
Aun en los desiertos haré camino
Y ríos en los lugares desolados.

ISAÍAS 43:18-19

Padre, eres el Dios de las posibilidades. Tú haces de lo imposible algo posible. Puedes crear ríos en medio del desierto, y haces que sucedan cosas buenas cuando menos lo espero.

Es difícil para mí imaginar una vida mejor que la que tengo ahora. Has llenado mi vida de bendiciones, y te pido que sigas estando cerca de mí mientras doy el siguiente paso.

Gracias por darme ríos en medio de mis desiertos. Te pido que lo hagas de nuevo.

Gracias por la esperanza que tenemos en ti.

En el nombre de Jesús, amén.

193

El Señor es mi pastor,
Nada me faltará.
En lugares de verdes pastos me hace descansar;
Junto a aguas de reposo me conduce.
Él restaura mi alma;
Me guía por senderos de justicia
Por amor de Su nombre.

SALMOS 23:1-3

Padre, tú eres un buen pastor para tu pueblo. Nos conoces a cada uno, y cuando nos perdemos, sales a buscarnos.

Recuérdame esto una y otra vez hoy: «Me guía por senderos de justicia». Cuando no esté seguro de lo que ocurrirá con mi vida o los cambios que vendrán, muéstrame el camino correcto y lléname de paz.

Tú eres el que restaura constantemente mi alma.

Gracias por guiarme con amor.

En el nombre de Cristo Jesús, amén.

194

Por nada estén afanosos; antes bien, en todo, mediante
oración y súplica con acción de gracias, sean dadas
a conocer sus peticiones delante de Dios. Y la paz de
Dios, que sobrepasa todo entendimiento, guardará
sus corazones y sus mentes en Cristo Jesús.

FILIPENSES 4:6-7

Dios, tú proteges mi corazón y mi mente. Me das perfecta paz cuando te la pido.

Hoy estoy ansioso, Padre. En este momento la vida es emocionante, pero a la vez me da miedo. Un capítulo lindo ha terminado, y ahora es el tiempo de embarcarme en un nuevo comienzo. Dame la paz que solo tú puedes dar.

Te pido en este momento por todo lo que traerá este nuevo comienzo. Protege mis inseguridades de los pensamientos de ansiedad.

Gracias por la oportunidad de intentar cosas nuevas en la vida.

En el nombre de Jesús, amén.

195

*El Señor irá delante de ti; Él estará contigo, no te
dejará ni te desamparará; no temas ni te acobardes.*

DEUTERONOMIO 31:8

Padre, tú eres fiel y nunca me dejarás. Dondequiera que esté, tú también estás ahí.

Dios, ayúdame a ser fuerte y tener valentía. No permitas que la preocupación me impida tener gozo y estar emocionado por este nuevo comienzo.

Permanece con las personas que dejo atrás. Aunque ahora ya no estemos juntos tanto tiempo, recuérdales que tú siempre estás con ellos.

Gracias por tu presencia en mi vida cada día.

En tu nombre oro, amén.

196

Angustia y aflicción han venido sobre mí,
Pero Tus mandamientos son mi deleite.

SALMOS 119:143

Padre celestial, tú eres el creador de este mundo y toda su belleza. Eres el Dios que me ve y me creó específicamente para este tiempo y lugar.

Cuando me sienta estresado, por favor, dame de tu paz. Sustituye el consuelo superficial del mundo por tu santa presencia para que mi corazón pueda estar tranquilo.

Lleva tu paz a mi familia y mis amigos también. Cambia el estrés por tu gozo, y danos la capacidad de ver el futuro con esperanza, sin dejarnos ser pesimistas.

En un mundo donde el día a día a menudo se mide por nuestros niveles de estrés, te agradecemos por darnos tu paz que sobrepasa todo entendimiento.

En tu majestuoso nombre, amén.

197

Que la paz de Cristo reine en sus corazones,
a la cual en verdad fueron llamados en
un solo cuerpo; y sean agradecidos.

COLOSENSES 3:15

Padre, tú eres el Dios de la paz que sobrepasa todo entendimiento.

Cuando surjan posibles conflictos con otros, recuérdame que sea cuidadoso con mis palabras y responda como tú lo harías. Recuérdame la importancia de ser un pacificador, porque soy parte del cuerpo de Cristo. Líbrame del pecado de la discusión y ayúdame en cambio a enfocarme en amar a aquellos que están a mi alrededor.

Dios, bendice a mi comunidad con tu paz, y ayúdame a hablarles con bondad a los demás. Recuérdame que anime a quienes me rodean y use palabras respetuosas con todas las personas con las que me encuentre.

Gracias por el gozo de las relaciones humanas. Gracias por enviar al Príncipe de paz para todos nosotros.

En tu nombre, amén.

198

Tú eres mi escondedero; de la angustia me preservarás;
Con cánticos de liberación me rodearás.

SALMOS 32:7

Dios todopoderoso, tu poder no tiene fin. Posees toda la autoridad sobre el cielo y la tierra.

El mundo puede ser un lugar escalofriante. Por favor, cubre nuestros vecindarios con tu mano de protección. Mantennos a salvo de aquellos que hacen el mal y llénanos de tu paz que trae tranquilidad. Sustituye el temor por el poder de tu amor.

Protege a mi familia de todo daño. Protege a mis amigos y compañeros de trabajo, y haz que busquen en ti la paz en los momentos de dificultad.

Gracias por ser el Dios que nos ama lo suficiente para proteger nuestras almas por toda la eternidad a través de tu Hijo, Jesús.

En su nombre glorioso, amén.

199

Porque todo lo que es nacido de Dios vence al mundo. Y
esta es la victoria que ha vencido al mundo: nuestra fe.

1 JUAN 5:4

Dios, tú eres nuestra roca y nuestra salvación. ¡En ti
confiamos completamente, porque eres el poderoso conquistador que ha vencido al mundo!

Cuando ocurra una tragedia, ya sea que afecte a nuestros hogares, nuestras familias, nuestros amigos o nuestras comunidades, protégenos de la ira y la venganza. Tú nos has amado lo suficiente para derrotar al pecado y conquistar a la muerte.

Cuando a las personas a nuestro alrededor les cueste entender, provee paz, consuelo y la bendición de tu gracia. Recuérdanos tus poderosas palabras de consolación en las Escrituras para que podamos permanecer en ellas.

Gracias por rodearnos con tus brazos amorosos. Gracias por ser nuestra roca y darnos vida eterna para que un día se acaben toda la tristeza y la maldad.

En el nombre perfecto de tu Hijo, amén.

200

¡Cuán bienaventurado es el hombre que no anda en el
consejo de los impíos,
Ni se detiene en el camino de los pecadores,
Ni se sienta en la silla de los escarnecedores,
Sino que en la ley del Señor está su deleite,
Y en Su ley medita de día y de noche!

SALMOS 1:1-2

¡Padre, tú eres el poderoso legislador, y solo tú eres digno de adoración!

Ayúdame a proteger a mi círculo de amigos y familiares. Dame la valentía para luchar en nombre de ellos por lo que es correcto y ser un ejemplo de verdad. Enséñame tu ley tan bien que pueda reconocer cuándo tengo que defender a los indefensos.

Protege a nuestros hijos pequeños, Señor. Desde muy temprano son expuestos a muchas cosas feas en sus vidas, y por eso te pido que seas un escudo para sus mentes, mantengas sus pensamientos limpios, y los ayudes a escoger el bien antes que el mal. Dales sabiduría, y suple sus necesidades básicas para que puedan enfocarse en aprender.

Gracias por darnos tu ley para que podamos distinguir siempre entre lo bueno y lo malo.

En tu nombre poderoso, amén.

201

No odiarás a tu compatriota en tu corazón; ciertamente
podrás reprender a tu prójimo, pero no incurrirás en
pecado a causa de él. No te vengarás, ni guardarás
rencor a los hijos de tu pueblo, sino que amarás a
tu prójimo como a ti mismo. Yo soy el Señor.

LEVÍTICO 19:17-18

Señor, tú eres la salvación del mundo. Eres la fuente de luz y amor para este mundo. ¡Santo eres tú!

Cuando tenga que lidiar con personas difíciles, dame palabras que traigan paz a la conversación. Ayúdame a comunicarme de manera directa y con una gracia que te glorifique. Calma mis emociones y mantenme lejos de la ira. Recuérdame la posibilidad de que yo también sea la persona difícil para alguien. Haz que sea humilde, Padre.

Bendice a todas las personas con las que me comunique, Señor. Dales el deseo de escuchar y respetar mis opiniones. Y haz lo mismo en mi corazón: dame una actitud receptiva, aceptación, y la disposición de escuchar con atención.

Gracias por tu mandamiento de amar. Este me recuerda que debo tratar a todos con gracia de la misma manera en que tú me ofreces esa gracia a mí.

En tu precioso nombre, amén.

202

Que el mismo Señor de paz siempre les conceda paz en todas las circunstancias. El Señor sea con todos ustedes.

2 TESALONICENSES 3:16

Padre, tú eres sabio y lo sabes todo. Tú permites que todas las cosas ocurran en tu tiempo perfecto.

Por favor, dame paz en medio de esta temporada tan ocupada. A veces me siento impulsado en muchas direcciones diferentes por las necesidades que me rodean.

Cuida a mi familia en este tiempo. Haz que tu paz nos produzca paz a todos, y crea un ambiente apacible en nuestro hogar y nuestro barrio.

Gracias porque tú has ido delante de nosotros en los momentos frenéticos y has puesto orden en medio del caos cuando más lo necesitábamos. Gracias por darme tiempo para abrazar a mis amigos y familiares y mostrarles que son regalos preciosos para mí.

En el nombre de Jesús, amén.

203

El Señor dará fuerza a Su pueblo;
El Señor bendecirá a Su pueblo con paz.

SALMOS 29:11

Dios, tú eres mi fortaleza en los tiempos difíciles. Tu gracia es suficiente para mí, y tu poder se perfecciona en mi debilidad.

Hoy siento que estoy intentando abarcar demasiado y tengo demasiados compromisos. No poseo las fuerzas para hacer lo que hay que hacer, y por eso te pido que me des la energía que necesito para este día. Dame tiempo para descansar y reponerme. Y perdóname si mis decisiones me han conducido hasta este punto.

Protege a mi familia mientras corremos de una actividad a otra. Permite que mi actitud sea alegre y que la de ellos sea tranquila.

Gracias por ir delante de nosotros hoy y por tu amor, paz y protección que nos sostienen.

En el nombre de tu Hijo, amén.

204

Al de firme propósito guardarás en perfecta paz,
Porque en Ti confía.

ISAÍAS 26:3

A mado Dios, tus caminos son perfectos. Tu voluntad es buena. Tú mereces toda la alabanza.

Les has prometido una paz perfecta a aquellos que se enfocan en ti. Ayúdame a mantener mis pensamientos centrados en ti. Cuando me precipite hacia el siguiente plan o responsabilidad, llévame de regreso a ti y tu bondad.

Ayúdame a fijar mis ojos en ti cuando tenga temor o ansiedad. Muéstrame quién eres para que pueda confiar en ti cada vez más.

Estoy agradecido por el regalo de la paz que encuentro en ti. Gracias por el ejemplo de fe que veo en las vidas de mis amigos y mi familia.

En tu precioso nombre, amén.

205

La mente del hombre planea su camino,
Pero el Señor dirige sus pasos.

PROVERBIOS 16:9

Padre, tú estás por encima del tiempo. Sabes lo que va a ocurrir antes de que ocurra, y eres el creador y gobernador de todo.

Calma mi corazón hoy mientras hago listas de tareas pendientes. Dirige mis pasos. No permitas que el temor o la ansiedad me controlen.

Dirige hoy los pasos de mi familia también. Muéstrales que tu camino es realmente el mejor, y dales el deseo de hacer tu voluntad así como una sensación de paz.

Gracias por tu amor inalterable. Gracias por darme el tiempo para jugar con mis hijos y por el gozo que eso nos produce a todos. Estoy muy agradecido por sus risas y abrazos.

En tu nombre, amén.

206

Porque el reino de Dios [...] es [...] justicia y paz y gozo en el Espíritu Santo. Porque el que de esta manera sirve a Cristo, es aceptable a Dios y aprobado por los hombres.

ROMANOS 14:17-18

Padre celestial, solo tú mereces toda la gloria y la alabanza. Eres mi fuente de gozo, paz y amor.

Demasiadas veces hago mis propios horarios e intento dirigir mi calendario en lugar de consultar contigo primero. Recuérdame buscar tu voluntad antes de tomar decisiones, y muéstrame las cosas que te agradan. Quiero acercarme más a ti, Dios, y hacer lo correcto ante tus ojos.

En este día te serviré. No permitas que las distracciones o el enemigo desvíen mi enfoque de ti.

Estoy muy agradecido por no estar a cargo de mi propia vida. Gracias por tu guía constante.

En el nombre de Jesús, amén.

207

Enséñanos a contar de tal modo nuestros días,
Que traigamos al corazón sabiduría.

SALMOS 90:12

Padre celestial, solo tú sabes el número de mis días. En tu infinita sabiduría tienes un plan para cada uno de tus hijos, incluido yo.

Recuérdame vivir cada día como si fuera el último, y no permitas que dé por garantizado ni un solo momento. Que todos mis actos sean intencionales durante este tiempo.

Permanece con mi familia hoy, Señor. No permitas que simplemente sobrevivan, sino dales emoción por vivir y el profundo gozo que viene de ti.

Gracias porque somos importantes para ti y te importa cómo vivimos aquí en la tierra.

En el nombre de Jesús, amén.

208

Por tanto, no se preocupen por el día de mañana;
porque el día de mañana se cuidará de sí mismo.
Bástenle a cada día sus propios problemas.

MATEO 6:34

Dios, tú eres un Dios que escucha a su pueblo. Tú nos oyes cuando clamamos a ti, y no nos ignoras.

Afirma mis pensamientos hoy. Mi vida se siente muy atareada, y no he tenido tiempo de reducir el ritmo. Mi mente está acelerada, y te pido que me ayudes a mantenerme enfocado en el momento presente.

Protege los pensamientos de mi familia hoy. No permitas que se llenen de preocupación o temor, sino de tu amor, paz y consuelo.

Gracias por escucharme cuando hablo y por la confianza que tu amor nos da a mí y también a mi familia.

En el precioso nombre de tu Hijo oro, amén.

ORACIONES *por*
PERSEVERANCIA
Y RESISTENCIA

209

No sean perezosos en lo que requiere diligencia.
Sean fervientes en espíritu, sirviendo al Señor.

ROMANOS 12:11

Padre celestial, tu amor es nuestra victoria y nuestra bandera. ¡Nos alegramos en ti!

Tú infundiste en mí una pasión: una pasión por ayudar a otros y seguir aprendiendo de tus enseñanzas. Dios, mantén encendidas las llamas de esa pasión. Recuérdame que se trata de compartir tu amor, tu ánimo y tu pasión por los demás.

Permite que pueda ayudar a otros a descubrir sus talentos o los intereses que impulsan su deseo de aprender y perseguir un futuro tan brillante como tu amor y tu luz.

Gracias por hacer de mí un estudiante constante de tus enseñanzas. Amo lo que hago, y te amo a ti Señor.

En el nombre de Cristo, amén.

210

Sufre penalidades conmigo, como
buen soldado de Cristo Jesús.

2 TIMOTEO 2:3

Padre celestial, tú tienes legiones de ángeles a tus órdenes, y todas las fuerzas de la naturaleza están a tu servicio. Sin embargo, aun así escuchas a tu pueblo y nos amas.

El llamado que me has dado no está exento de desafíos importantes. Dame las fuerzas para enfrentar cada obstáculo de una manera que te honre. Ayúdame a servirte en medio de los tiempos difíciles. Aumenta mi confianza en tu Palabra y tus declaraciones.

Permanece con mi familia dondequiera que estén. Todo lo que me afecta a mí les afecta también a ellos, y por eso te pido que les recuerdes que tú siempre controlas todo. Quita todo temor o dudas, y sustitúyelos por paciencia y fe.

Gracias por colocarme en esta situación. Te agradezco porque me has preparado para enfrentar lo que venga.

En el nombre de Jesús, amén.

211

La paz les dejo, Mi paz les doy; no se la
doy a ustedes como el mundo la da. No se
turbe su corazón ni tenga miedo.

JUAN 14:27

Padre, tú eres lento para la ira, grande en misericordia y abundas en amor. Eres digno de toda alabanza y honor.

Te pido humildemente que llenes mi vida de tu paz. Los factores estresantes de mi vida no me dejan dormir en las noches, me preocupan y me afectan. Lléname de tu paz, y hazme saber que tú estás ahí y que sigues controlando todo.

Consuela y bendice a mis seres queridos. Ellos también enfrentan muchas dificultades. Te pido que calmes sus espíritus y hagas que sus corazones se enfoquen en ti.

Gracias por cuidar de cada parte de nuestras vidas y de cada miembro de nuestras familias. Gracias por el Espíritu Santo, que es nuestro Consolador.

En el nombre de Jesús, amén.

212

Por tanto, confiésense sus pecados unos a otros,
y oren unos por otros para que sean sanados. La
oración eficaz del justo puede lograr mucho.

SANTIAGO 5:16

Padre, tú guías a tu pueblo y escuchas sus oraciones. Conoces a cada una de tus ovejas por nombre, y eres el Pastor grande y maravilloso.

Ayúdame a encontrar un compañero de oración confiable. Demasiadas veces intento hacerlo solo, y me muestro reacio a compartir mi vida espiritual con otros. Por favor, cambia mi corazón. Dame pasión para relacionarme con otros cristianos y que podamos orar los unos por los otros y buscar juntos tu voluntad.

Ayuda a quienes forman parte de mi comunidad. Enciende en ellos el deseo de conocerte. Úsame y levanta cristianos en medio de nosotros. Oro para que aquellos que viven a mi alrededor lleguen a conocerte.

Gracias por poner en nuestra senda a personas que puedan acompañarnos en este camino de la fe, y gracias por todos los creyentes alrededor del mundo. Que tu poderoso nombre siga extendiéndose por toda la tierra.

En el santo nombre de Jesús, amén.

213

El consejo del Señor permanece para siempre,
Los designios de Su corazón de generación en generación.
Bienaventurada la nación cuyo Dios es el Señor,
El pueblo que Él ha escogido como Su herencia.

SALMOS 33:11-12

Amado Padre, desde el principio de los tiempos planeaste el camino que tomaría tu pueblo. Tu mente infinita pensó en mí mucho antes de que naciera, y me asombra tu increíble amor.

Batallo con las dudas y el temor acerca de mi futuro, y no confío en ti todo lo que debería. Por favor, perdóname y refuerza mi fe en ti. Ayúdame a entender y creer que tú estás en control y tienes un plan bueno para mí, mi familia y mi carrera profesional.

Bendice hoy a mi familia. Ayúdalos a saber que todo está en tus manos y que tú siempre tienes su mejor interés en mente. No permitas que tengan miedo del futuro.

Gracias por ordenar nuestros pasos y guiar nuestro camino. Estoy agradecido por saber que tus pensamientos siempre son de bien para nosotros.

En el nombre de tu Hijo, amén.

214

Los apóstoles se reunieron con Jesús, y le informaron
sobre todo lo que habían hecho y enseñado. Y Él les dijo:
«Vengan, apártense de los demás a un lugar solitario y
descansen un poco». Porque había muchos que iban y
venían, y ellos no tenían tiempo ni siquiera para comer.

MARCOS 6:30-31

Dios, tú eres el que me da paz y el que restaura mi alma.

Cuando esté agotado, dame descanso. Ayúdame a saber cuándo debo reducir el ritmo y cuándo debo apartar tiempo para descansar. Si soy tentado a asumir demasiadas responsabilidades, ayúdame a encontrar el equilibrio en la vida, y recuérdame que mi relación contigo y con mi familia debe seguir siendo mi máxima prioridad.

Restaura la energía de mi cuerpo, trae inspiración a mi mente y emoción a mi alma. Protégeme del cansancio de trabajar en exceso.

Gracias por el ejemplo de tomar un descanso, Señor. Gracias por apartar un día para el reposo y por animarnos a aprovecharlo.

En el nombre de Cristo, amén.

215

Estoy convencido de que ni la muerte, ni la vida, ni ángeles, ni principados, ni lo presente, ni lo por venir, ni los poderes, ni lo alto, ni lo profundo, ni ninguna otra cosa creada nos podrá separar del amor de Dios que es en Cristo Jesús Señor nuestro.

ROMANOS 8:38-39

Señor, todos los creyentes pueden descansar confiados en tu amor. Nadie puede arrebatar ni siquiera una sola alma de tu mano poderosa.

Recuérdame que nada nos separa. Debido a mis pecados y el mundo que me rodea, a veces me desaliento y pienso que he hecho demasiadas cosas como para que tú me ames. Ayúdame a mantener esa mentira alejada de mis pensamientos, y permite que la intensidad de tu amor penetre en mi mente y mi corazón para que no vuelva a dudar.

Inunda a mi familia con tu paz y amor. Muéstrales que tu amor los cubre en cualquier circunstancia. Rodéalos con tus brazos y dales la seguridad de que son tuyos para siempre.

Estoy agradecido de que nos ames tanto que nada nos separará nunca. Gracias por pelear por mí y jamás darte por vencido conmigo.

En el nombre de Cristo Jesús, amén.

216

Por tanto, mis amados hermanos, estén firmes,
constantes, abundando siempre en la obra del Señor,
sabiendo que su trabajo en el Señor no es en vano.

1 CORINTIOS 15:58

Padre celestial, tu eterno amor no tiene fin. Tú y tu amor van más allá de lo que nuestras mentes podrían imaginar.

Algunas veces me siento muy desanimado cuando paso horas planificando y no consigo los resultados que quiero. Una voz en mi interior me dice que soy inadecuado. Recuérdame que soy más que suficiente gracias a tu amor.

Ayuda a mis compañeros a entender tu Palabra. Recuérdales que lo que hacen es mucho más que alcanzar cuotas y conseguir metas. Recuérdales que los corazones que toquen son mucho más importantes que cualquier resultado medible.

Gracias por darme la oportunidad de motivar el corazón de otros. Este es un regalo que no doy por garantizado.

En el santo nombre de Cristo, amén.

217

La palabra de Dios es viva y eficaz, y más cortante que cualquier espada de dos filos. Penetra hasta la división del alma y del espíritu, de las coyunturas y los tuétanos, y es poderosa para discernir los pensamientos y las intenciones del corazón.

HEBREOS 4:12

Dios mío, estás vivo y siempre activo. Ni un solo momento se escapa de ti. Ningún pensamiento o acción pasa desapercibido.

A menudo dependo de mi rutina para poder hacerle frente al día. Necesito esa taza de café, ese refresco o ese chocolate, pero recuérdame que tu Palabra es más poderosa que cualquier dosis de cafeína. Permite que tu verdad fluya a través de mí, dándome la energía que necesito para cada día. ¡Haz que tu poder me llene!

Cuando aquellos que me rodean necesiten tu fortaleza, bendícelos con una energía que está mucho más allá de la que los humanos pueden crear. Permite que caminen y corran sin cansarse o desmayar.

Gracias por ser todo lo que necesito.

En tu nombre, amén.

218

*Hermanos, les rogamos, y les exhortamos en
el Señor Jesús, que tal como han recibido de
nosotros instrucciones acerca de la manera en que
deben andar y agradar a Dios, como de hecho
ya andan, así abunden en ello más y más.*

1 TESALONICENSES 4:1

Padre celestial, tú eres el dador de la verdad. Me instruyes a través de tu Palabra, y quiero seguir aprendiendo.

A veces me siento desmotivado. Estoy agotado por la rutina diaria y las exigencias interminables. Recuérdame que la vida no se trata de agradar a otros, sino de agradarte a ti. Anímame a través de tu Palabra e inspírame para que viva cada momento para ti.

Cuando mis amigos o compañeros de trabajo necesiten motivación, permite que yo pueda animarlos. Cuando yo necesite motivación, haz que ellos puedan tener palabras de aliento para que juntos podamos crear una cultura positiva que sea contagiosa.

Gracias por las otras personas que también trabajan duro, y gracias por tu ejemplo a través de Jesucristo.

En su santo nombre, amén.

219

Tengan por sumo gozo, hermanos míos, cuando
se hallen en diversas pruebas, sabiendo que
la prueba de su fe produce paciencia, y que la
paciencia tenga su perfecto resultado, para que sean
perfectos y completos, sin que nada les falte.

SANTIAGO 1:2-4

Dios, tu amor nunca tendrá igual. Todos tus pensamientos y deseos son para nuestro bien. Cada cosa que has hecho es una bendición y una obra de arte.

Todos los días parece haber nuevos retos para mi fe. A menudo me pregunto si podré hacerles frente, y algunas veces no puedo lograrlo. Haz que las pruebas de mi vida cumplan su función perfecta en mí. Cambia mi actitud hacia las dificultades y las pruebas, de modo que pueda ver que no están ahí para destruirme, sino para hacerme más fuerte y ayudarme a avanzar.

En este día, llena a mi familia de gozo mientras pasan por sus propias dificultades. Permíteles tener una perspectiva fresca y espíritus transformados.

Gracias por ser nuestra roca durante las tormentas de la vida, y gracias por las promesas que nos has hecho en tu Palabra.

En el santo nombre de tu Hijo, amén.

220

*Si obedecen mis mandamientos que les ordeno hoy,
de amar al Señor su Dios y de servirle con todo su
corazón y con toda su alma, Él dará a la tierra de
ustedes la lluvia a su tiempo [...] para que recojas tu
grano, tu vino nuevo y tu aceite. Y Él dará hierba en
tus campos para tu ganado, y comerás y te saciarás.*

DEUTERONOMIO 11:13-15

D ios altísimo, tú no cambias. Estás presente en cada
momento de la eternidad.

En los días en que estoy cansado y débil, dame
fuerzas. Recuérdame que mientras siga poniéndote a ti
primero en mi vida, tú me darás la sabiduría y el ánimo
que necesito para hacer mi trabajo y verlo como un
regalo.

Dios, recuérdame tus promesas. Pon en mí el deseo
de hacer bien mi trabajo. Guía a otros que hayan podido
perder su pasión por sus profesiones a su verdadero
llamado, de modo que puedan experimentar las bendiciones que planeaste para ellos.

Gracias por revelarme mi llamado a través de todas
y cada una de las personas que he conocido.

En tu nombre, amén.

221

Porque por fe andamos, no por vista.

2 CORINTIOS 5:7

Jesús, cuán magnífico es tu nombre en toda la tierra.
Llegará el momento en que toda rodilla se doblará y
toda lengua confesará que tú eres el Señor.

Ayúdame a caminar con una fe verdadera. Demasiadas
veces mi orgullo y mis deseos egoístas guían mi vida, y por
eso te pido que me enseñes a confiar en ti completamente
y a vivir de acuerdo a tu voluntad. Dame la disciplina y el
deseo de estudiar las Escrituras y orar a diario para conocerte más.

Acerca más a ti a mis familiares y amigos hoy.
Revélate a ellos, y ayúdalos a crecer en su fe. Haz que
busquen una relación auténtica y activa contigo.

Gracias por acercarnos siempre más a ti y por ser
la luz en nuestro camino. Estoy muy agradecido de ser
tu hijo.

En tu nombre oro, amén.

ORACIONES *por*
RELACIÓN
CON DIOS

222

Yo soy la vid, ustedes los sarmientos; el que
permanece en Mí y Yo en él, ese da mucho fruto,
porque separados de Mí nada pueden hacer.

JUAN 15:5

P adre, tú persigues a tus hijos cuando se desvían, y corres hacia ellos y los abrazas cuando regresan. Tu gracia y tu misericordia no tienen fin.

Con demasiada frecuencia me alejo de ti e intento vivir a mi manera. Perdóname y mantén mis pies en el camino correcto. No permitas que ningún obstáculo se interponga en mi relación contigo. Ayúdame a dar buen fruto y ser útil para ti. Mantenme siempre conectado a ti.

Te pido que mis hermanos creyentes permanezcan comprometidos contigo. Mantenlos cerca de ti, y sigue derramando sobre ellos tu amor y misericordia. Bendice a mis amigos, mi familia y mi comunidad. Que tu mano los proteja siempre.

Gracias por acercarnos a ti y ayudarnos a crecer. Estoy agradecido por tu gracia y tu amor en mi vida.

En tu santo nombre, amén.

223

El que dice que permanece en Él, debe
andar como Él anduvo.

1 JUAN 2:6

Amado Dios, sin ti no soy nadie. Sin ti no puedo hacer nada. Tú eres mi todo: mi fortaleza, mi gozo y mi consuelo.

Enséñame lo que significa permanecer en ti. Fortalece mi relación contigo, y acércame a ti para que pueda caminar contigo cada día y conocerte cada vez más.

Clamo a ti por los miembros de mi familia. Te pido que cada uno pueda acercarse más a ti.

Gracias porque puedo tener una relación contigo, Dios mío.

En el nombre de Jesús, amén.

224

Acuérdense de sus guías que les hablaron
la palabra de Dios, y considerando el
resultado de su conducta, imiten su fe.

HEBREOS 13:7

Amado Padre, tú enviaste a tu Hijo Jesús para establecer tu iglesia aquí en la tierra. No nos dejaste
solos, porque somos importantes para ti.

Ayúdame a encontrar una iglesia y un grupo de cristianos con los que pueda adorar. Haz que sea un lugar
seguro, y que haya mentores sabios que puedan ayudar
a guiarme.

Te pido por los líderes de mi nueva iglesia. Guía a
los pastores, ministros y ancianos, y dales tu sabiduría.

Gracias por tu iglesia.

En el nombre de Jesús, amén.

225

¡Cuánto amo Tu ley!
Todo el día es ella mi meditación.

SALMOS 119:97

Padre, tu ley es amor, y tu amor es tan fuerte que no puedo entenderlo. Tú amas a tu creación y todo lo que hay en ella.

Señor, recuérdame tus palabras cuando me levanto en la mañana, cuando me acuesto en la noche, y a lo largo del día a día. Escribe tus palabras en mi corazón.

Ayuda a mi familia y mis amigos, a aquellos que me enseñaron sobre ti y tu amor por mí. Quédate cerca de ellos y recuérdales hoy tus promesas.

Gracias por darme tu Palabra, que me ayuda a conocerte mejor.

En el nombre de Jesús, amén.

226

Consideremos cómo estimularnos unos a otros al amor
y a las buenas obras, no dejando de congregarnos, como
algunos tienen por costumbre, sino exhortándonos
unos a otros, y mucho más al ver que el día se acerca.

HEBREOS 10:24-25

Amado Dios, tú eres mi Padre fiel. Eres muy bueno conmigo. Todo lo que haces es justo y para tu gloria.

Necesito ayuda para encontrar una comunidad cristiana. Por favor, ¿podrías poner en mi vida personas que me animen y me ayuden a animar a otros?

Te pido por las personas que hacen un trabajo ministerial en esta comunidad. Oro para que puedan sentirse fortalecidos por aquellos que los rodean.

Gracias porque nunca estamos solos en nuestro caminar cristiano.

En el nombre de Jesucristo oro, amén.

227

Porque Mi carne es verdadera comida, y Mi sangre
es verdadera bebida. El que come Mi carne y bebe
Mi sangre, permanece en Mí y Yo en él. Como el
Padre que vive me envió, y Yo vivo por el Padre,
asimismo el que me come, él también vivirá por Mí.

JUAN 6:55-57

Amado Dios, tú eres realmente todo lo que necesito. Eres la respuesta a todas mis preguntas. Eres mi esperanza cuando me siento desesperado.

Por favor, perdóname por depender de otras personas y otras cosas para sentirme satisfecho y feliz. Quiero servirte solo a ti. Llévame de regreso a ti, Dios.

Ayuda a mis amigos que no te siguen, pero que han empezado a ir tras cosas vacías y mundanas. Recuérdales que tú eres lo que necesitan.

Estoy muy agradecido porque eres mi Dios, mi Padre y mi guía fiel.

En el nombre de Jesús, amén.

228

Porque con dirección sabia harás la guerra,
Y en la abundancia de consejeros está la victoria.

PROVERBIOS 24:6

Amado Dios, tú eres un Padre sabio y bueno. Nada importa más en mi vida que tú. Estoy agradecido por tu amor y tu gracia.

Te pido tu sabiduría hoy, Dios. La necesito ahora más que nunca. Dame amigos sabios que te amen y que me animarán en mi relación contigo.

Te pido por mis amigos que están en la misma fase de la vida que yo. Por favor, lleva mentores a sus vidas que los animen a lo largo del camino.

Gracias por estar tan cerca de mí durante esta temporada.

En el santo nombre de Jesús, amén.

229

*Entonces Jesús decía a los judíos que habían creído
en Él: «Si ustedes permanecen en Mi palabra,
verdaderamente son Mis discípulos; y conocerán
la verdad, y la verdad los hará libres».*

JUAN 8:31-32

Amado Dios, tu Palabra es verdad. Es poderosa y
cambia vidas.

Por favor, dame más pasión por tu Palabra. Ayúdame
a apartar tiempo cada día para leer las Escrituras y pensar en lo que tú quieres que reciba de esa lectura. Permite
que tu Palabra me hable, me cambie, me corrija y me
consuele. Permanece cerca de aquellas personas que no
tienen Biblias en su hogar o su país. Te pido por sus almas
y sus corazones que anhelan conocerte. Oro para que
tu Palabra llegue a ellos de maneras que solo tú podrías
idear.

Gracias por darnos tu Palabra, que es verdad todos
los días.

En el nombre de Cristo Jesús, amén.

ORACIONES *por* DESCANSO

230

Pues ustedes no han recibido un espíritu de esclavitud para volver otra vez al temor, sino que han recibido un espíritu de adopción como hijos, por el cual clamamos: «¡Abba, Padre!».

ROMANOS 8:15

Padre, me has hecho tu hijo a través de tu Espíritu. En tu bondad, me adoptaste y me libraste del pecado y la muerte.

Recuérdame hoy lo que significa ser tu hijo. Me resulta muy fácil empezar a vivir mi día en mis propios términos. Ayúdame a vivir a la luz de tu gracia.

Te pido por mis amigos y familiares. Ayúdalos a descansar en tu amor como su Padre y a estar seguros de su herencia en tu Espíritu.

Gracias por aceptarme como soy, pero no dejarme igual.

En el nombre de Jesús, amén.

231

Padre nuestro que estás en los cielos,
Santificado sea Tu nombre.
Venga Tu reino.
Hágase Tu voluntad,
Así en la tierra como en el cielo.

MATEO 6:9-10

Padre, tú estás sobre todo, lo sabes todo y lo ves todo. Sin embargo, me escuchas como si yo fuera tu única creación.

Permite que pueda verte no como un padre lejano, sino como uno que vino a la tierra y entiende las dificultades y las tentaciones de mi vida. Mantente junto a mí hoy y susúrrame recordatorios de que tú estás cerca y me sostienes como tu hijo. Ayúdame a descansar en tu amor.

Mis amigos te necesitan hoy mientras toman decisiones difíciles en el trabajo y su familia. ¿Podrías enseñarles que tú estás más cerca que incluso sus padres terrenales? Por favor, dales el descanso que necesitan.

Gracias por atenderme y escuchar mis súplicas.

Te pido todo esto en el nombre de Jesús, amén.

232

Pero para nosotros hay un solo Dios, el Padre, de quien proceden todas las cosas y nosotros somos para Él; y un solo Señor, Jesucristo, por quien son todas las cosas y por medio de Él existimos nosotros.

1 CORINTIOS 8:6

Dios, tú eres mi Padre y de ti viene todo lo bueno. Tengo vida gracias a ti, y no hay nadie como tú.

Te pido que me hagas entender esa verdad de manera más profunda hoy. Muéstrame las cosas que adoro aparte de ti, y recuérdame que solo tú eres mi Dios.

Dales también a mis amigos y seres queridos libertad de sus ídolos para que puedan disfrutar completamente el ser parte de tu familia. Ayúdalos a descansar sabiendo que tú eres su único creador y nada en este mundo tiene autoridad sobre ellos.

Gracias por amarnos a nosotros, tu creación, incluso cuando nos desviamos.

En el nombre de Jesús, amén.

233

Padre de los huérfanos y defensor de las viudas
Es Dios en Su santa morada.
Dios prepara un hogar para los solitarios;
Conduce a los cautivos a prosperidad.

SALMOS 68:5-6

Amado Dios, tú eres el Padre de los huérfanos. Tú provees para aquellos que no tienen una familia y defiendes a los débiles como lo haría su propio padre.

Hoy me siento indefenso. Cuando me sienta atacado, ¿podrías recordarme que tú me proteges? ¿Podrías ser mi Padre y mi defensor hoy?

Por favor, defiende a aquellos que son débiles, están llenos de temor y se sienten olvidados. Muéstrate en sus vidas hoy, y recuérdales que son tus hijos y tú eres su Padre celestial. Dales el descanso que necesitan para ver las cosas con claridad.

Gracias por darme una familia espiritual que nunca podrá serme arrebatada.

Te pido esto en el nombre de Jesús, amén.

234

Oye, oh Dios, mi clamor;
Atiende a mi oración.
Desde los confines de la tierra te invoco, cuando mi
corazón desmaya.
Condúceme a la roca que es más alta que yo.

SALMOS 61:1-2

Padre del cielo, tú eres el Dios del rey David y también mi Dios. Reinas sobre todo y para siempre.

Dame paz cuando me sienta abrumado. No sé cómo puedo llevar a cabo todas las cosas que necesito hacer. Ilumina mi camino y muéstrame las actividades y las obligaciones a las que puedo decirles que no. Ayúdame a liberarme de las cargas que preocupan mi mente y te mantienen alejado. Acércate a mí.

Dios, por favor, escucha el clamor de aquellos que se sienten abrumados mientras te sirven. Muchos de ellos no sienten tu presencia en sus vidas. Recuérdales tu fidelidad.

Gracias por tu cercanía y tu constancia, así como por el descanso que proveen. Gracias por escuchar mi clamor sin importar donde esté.

En el nombre de Jesús, amén.

235

Él es el resplandor de Su gloria y la expresión exacta de Su naturaleza, y sostiene todas las cosas por la palabra de Su poder. Después de llevar a cabo la purificación de los pecados, el Hijo se sentó a la diestra de la Majestad en las alturas, siendo mucho mejor que los ángeles, por cuanto ha heredado un nombre más excelente que ellos.

HEBREOS 1:3-4

Padre, tú creaste todas las cosas simplemente con tu voz. Una sola palabra de tu boca hace evidente tu poder, y eso me asombra.

Necesito tu poder en mi vida, Dios. Necesito las fuerzas y el descanso que este trae consigo, porque enfrento circunstancias imposibles y necesito un milagro desesperadamente. Por favor, ¿podrías demostrar tu poder en mi vida hoy?

Dios, a todos aquellos que tienen una visión limitada de ti, muéstrales cuán poderoso y enorme eres realmente. Ayúdalos a encontrar descanso y consuelo en ese conocimiento.

Gracias por enviar a tu Hijo, que ha hecho posible nuestra relación contigo.

Te lo pido en el todopoderoso nombre de Jesús, amén.

236

Yo soy Dios, y no hay otro;
Yo soy Dios, y no hay ninguno como Yo,
Que declaro el fin desde el principio,
Y desde la antigüedad lo que no ha sido hecho.
Yo digo: «Mi propósito será establecido,
Y todo lo que quiero realizaré».

ISAÍAS 46:9-10

Dios altísimo, no hay nadie como tú. Eres el único y verdadero Dios, y el único Dios al que adoro: el Alfa y la Omega.

Necesito saber que tú vas delante de mí. No veo solución para los problemas que estoy enfrentando. Recuérdame que a ti no te desconciertan las dificultades que atravieso para que pueda descansar y ser consolado por tu poder incomparable.

Permanece cerca de mi familia y mis amigos que están sufriendo. Su dolor resulta paralizante, pero tú eres más grande que cualquier cosa que enfrentan.

Gracias por tu voluntad perfecta. Que sea hecha en mi vida mientras te busco.

Solo en tu nombre, amén.

237

Porque un Niño nos ha nacido, un Hijo nos ha sido dado,
Y la soberanía reposará sobre Sus hombros.
Y se llamará Su nombre Admirable Consejero,
Dios Poderoso,
Padre Eterno, Príncipe de Paz.

ISAÍAS 9:6

Amado Padre, tú eres el Príncipe de Paz y el gran Yo Soy. Eres mi ayudador y mi redentor.

Necesito tu ayuda hoy. Me siento débil, frágil y cansado. Te pido que me des fuerzas aunque sea tan solo para superar este día y el deseo de trabajar como si lo hiciera todo para tu gloria.

Ayuda a aquellos que en este momento llevan cargas muy pesadas. Ellos necesitan tu poder y tu paz que sobrepasan todo entendimiento.

Estoy muy agradecido por poder venir ante ti y presentarte mis peticiones en cualquier momento. Gracias por darme paz y descanso incluso en los momentos difíciles.

Te lo pido todo en el nombre del Príncipe de Paz, amén.

238

Humíllense, pues, bajo la poderosa mano de Dios, para
que Él los exalte a su debido tiempo, echando toda su
ansiedad sobre Él, porque Él tiene cuidado de ustedes.

1 PEDRO 5:6-7

Amado Dios, tú estás sobre todo y tu nombre es
digno.

Vengo ante ti con humildad, confesando que soy un
pecador. Lo que he hecho merece justicia y no gracia,
pero necesito sentir tu gracia hoy. Necesito tu perdón.
¿Podrías reemplazar la culpa y la vergüenza que siento?

Permanece cerca de mis amigos y mi familia que
tienen una vergüenza secreta que les da miedo revelar.
Dales un amigo de confianza, un confidente, y un sentido de tu perdón para sus vidas.

Gracias por tomar nuestras preocupaciones y cargas sobre ti. Gracias por prometer cuidarnos siempre.
Gracias por escuchar para que pueda descansar plácida-
mente en tu amor.

En el nombre de Jesús, amén.

239

Porque a Ti, oh Señor, elevo mi alma.
Pues Tú, Señor, eres bueno y perdonador,
Abundante en misericordia para con
todos los que te invocan.

SALMOS 86:4-5

Dios, tu perdón, misericordia y bondad son tan abundantes que en esta vida no podré llegar a comprenderlos. Te adoro con mi corazón y mi alma.

Mientras pienso en mi pecado pasado lleno de remordimiento y culpa, recuérdame tu perdón. Por favor, permíteme sentir tu misericordia y descansar en tu fidelidad. Lléname de ella para que pueda también ofrecérsela a otros con los que me encuentre hoy.

Camina cerca de mis amigos y mi familia para que puedan conocer tu gracia. Levanta sus cargas y dirige sus rostros hacia ti.

Te agradezco por la gracia que no merezco y por tu misericordia, la cual es nueva cada mañana.

En el nombre de Cristo, amén.

ORACIONES *por* SABIDURÍA Y LIDERAZGO

240

Y si a alguno de ustedes le falta sabiduría,
que se la pida a Dios, quien da a todos
abundantemente y sin reproche, y le será dada.

SANTIAGO 1:5

Padre celestial, tú eres la fuente de todo lo que es bueno, recto y verdadero. Tu conocimiento es infinito y tu comprensión no tiene rival.

Te pido humildemente sabiduría, Señor. Necesito ayuda para vivir de acuerdo a tus instrucciones. Dirige mi comprensión y mi conocimiento. Muéstrame lo que es correcto ante tus ojos, y dame el deseo de permanecer en el camino que tienes para mí. Ayúdame a ser disciplinado y a estudiar tu Palabra con regularidad.

Permite que la meta de mi familia sea conocer tus pensamientos y planes para sus vidas. Pon tu Palabra en sus corazones, y haz de ella el cimiento de sus vidas. Dales el gozo de conocerte mejor.

Estoy muy agradecido de que nos hayas dado tu manual de instrucciones. Gracias por permitirnos conocer tu carácter, tu plan y tu sabiduría.

En el nombre de Jesús, amén.

241

El camino del necio es recto a sus propios ojos,
Pero el que escucha consejos es sabio.

PROVERBIOS 12:15

Señor, tú levantas naciones y también las derribas. Tú pones reyes y los quitas de sus tronos. El mundo entero está sujeto a tu voluntad, que es buena y llena de misericordia.

Ayúdame a encontrar buenos mentores y amigos que hablen a mi vida con sabiduría. Revélame a un buen consejero en el trabajo para que pueda servir bien a mi comunidad y ser excelente en mi empleo. Permite que siempre busque tus caminos perfectos.

Guía a mi familia para que siempre escojan con sabiduría a las personas que los aconsejen y a aquellas con las que se relacionen. A medida que empiecen a rodearse de personas y líderes piadosos, fortalece su compañerismo y sus amistades.

Gracias por la comunidad cristiana. Estoy agradecido por las muchas personas que has puesto en mi vida que han sido una buena influencia para mí.

En el nombre de Cristo, amén.

242

*El que entre ustedes quiera llegar a
ser grande, será su servidor.*

MATEO 20:26

Dios, en tus manos está el poder de la vida y la muerte. Tú sostienes las estrellas y los planetas en su lugar, y tu poder y majestad me asombran.

Quiero saber cómo ser un buen líder y un ejemplo a seguir. Por favor, ayúdame a entender cómo ser un buen líder que sirve. Mantenme humilde y haz que mis motivos sean puros. Dame la sabiduría y el corazón para cuidar de las personas a las que lidero. Trabaja en mi espíritu para que pueda ganarme el respeto de aquellos con los que trabajo.

Bendice a mis amigos y muéstrate a ellos. Protégelos del mal y coloca ángeles a su alrededor.

Estoy agradecido de que nos hayas dado ejemplos piadosos de liderazgo. Gracias por poner en mí el anhelo de liderar y servir.

En el nombre de Jesús, amén.

243

Porque a la persona que le agrada, Él le ha
dado sabiduría, conocimiento y gozo.

ECLESIASTÉS 2:26

Padre celestial, tienes el poder de traer vida en medio de la muerte. Tú soplas tu Espíritu en nosotros. Eres el único y verdadero Dios.

Señor, te pido que me bendigas por medio de esa promesa. Humildemente, te pido sabiduría para dirigir a mi familia, mi vida y mi carrera profesional. Además te pido que me des entendimiento para poder servirte con todo mi corazón, toda mi mente, todas mis fuerzas y talentos.

Mi familia también desea tu sabiduría y tu dirección para sus vidas. Bendícelos hoy con tu conocimiento y tu gracia.

Gracias por amarnos tanto que estás dispuesto a enseñarnos todo lo que necesitamos saber. Gracias por ser tan generoso con tu conocimiento y sabiduría.

En el nombre de Jesús, amén.

244

Antes bien, sea el hablar de ustedes: «Sí, sí» o «No, no».

MATEO 5:37

Padre, tú no tienes fallos ni imperfecciones. Eres perfecto en todos tus caminos, y las obras de tus manos son impecables. Los cielos declaran tu gloria.

Ayúdame a ser una persona de convicciones fuertes y a que la verdad siempre vaya conmigo. Enséñame a cumplir siempre mi palabra para que los demás puedan confiar en mí en todo lo que haga o diga. Permite que aquellos que trabajan conmigo sepan que siempre buscaré seguir tu Palabra cuando esté al cargo. Muéstrame cualquier problema de carácter o debilidad que necesite atender.

Cuida a mis compañeros de trabajo, amigos y familia, y si no te conocen, que encuentren la salvación a través de tu Hijo.

Gracias por mostrarnos el camino del liderazgo piadoso. Gracias por animarme a ser excelente.

En el nombre de Jesús, amén.

245

*Porque ¿busco ahora el favor de los hombres o el de
Dios? ¿O me esfuerzo por agradar a los hombres?
Si yo todavía estuviera tratando de agradar
a los hombres, no sería siervo de Cristo.*

GÁLATAS 1:10

Dios todopoderoso, tú escuchas mi clamor y me
consuelas. Tu gracia amorosa ha arropado mi
corazón, y me siento muy bendecido por ser tu hijo.

Algunas veces me preocupa más lo que la gente
piensa que lo que dice tu Palabra. A menudo siento como
si mis pies estuvieran plantados en dos mundos diferentes. Por favor, perdóname y ayúdame a ser más obediente
a ti. Guíame para que ande por tus caminos sin vergüenza
o duda. Ayúdame a ser valiente por ti y por la verdad de
tu Palabra.

Infunde fe y confianza en mi familia. Elimina las
distracciones y los obstáculos en nuestro hogar que
estorban el trabajo que tú estás haciendo allí. Ayúdanos
a tener las prioridades en orden para no comprometer tu
Palabra y lo que sabemos que es correcto.

Gracias por tu paciencia y tu gracia. Estoy muy agradecido por las bendiciones increíbles que le has dado a
nuestra familia.

En el santo nombre de Jesús, amén.

246

SEÑOR, muéstrame Tus caminos,
Enséñame Tus sendas.
Guíame en Tu verdad y enséñame,
Porque Tú eres el Dios de mi salvación;
En Ti espero todo el día.

SALMOS 25:4-5

Dios, tus caminos son sabios y verdaderos. Tus decretos infunden vida en tu pueblo. Tú eres el Dios que dirige sus pasos por siempre.

Confieso que no he estudiado tu Palabra todo lo que debería. Quiero conocerte más y ser guiado por ti. Quiero dirigir a mi familia y mi casa siguiendo tus instrucciones llenas de amor. Dame la disciplina para estudiar tu Palabra y los oídos para escuchar tu voz. Enséñame, Dios.

Abre hoy los ojos de mis hijos para que puedan verte. Están creciendo rápidamente, y dentro de poco se marcharán para ir a la universidad o independizarse. Por favor, conquista ahora sus corazones y camina a su lado el resto de sus vidas.

Gracias por darnos tu Palabra para que podamos conocerte. Gracias por protegernos de nosotros mismos con tus instrucciones.

En tu santo nombre, amén.

247

Confía en el Señor con todo tu corazón,
Y no te apoyes en tu propio entendimiento.
Reconócelo en todos tus caminos,
Y Él enderezará tus sendas.

PROVERBIOS 3:5-6

Padre celestial, tú eres el mismo hoy, mañana y por siempre. Tu carácter amoroso y tu santidad no cambian.

Me cuesta mucho confiar en ti en todos los aspectos de mi vida, y constantemente quiero tener el control y hacer las cosas a mi manera. Perdóname. Ayúdame a buscarte a ti primero y depender de tu dirección. Quiero tu visión y sabiduría para todo lo que haga.

Bendice a mi familia hoy. Mientras te alabamos juntos, dirige nuestras vidas. Traza un camino concreto para cada uno de nosotros, y guíanos por ese camino hacia ti. Enséñanos a depender de ti en todo.

Estoy muy agradecido por la familia y los amigos que me has dado. Gracias por tu deseo constante de guiar cuidadosamente nuestros pasos.

En el nombre de Cristo, amén.

Jesús, sabiendo que el Padre había puesto todas las cosas en Sus manos, y que de Dios había salido y a Dios volvía, se levantó de la cena y se quitó el manto, y tomando una toalla, se la ciñó. Luego echó agua en una vasija, y comenzó a lavar los pies de los discípulos.

JUAN 13:3-5

Señor, a pesar de tener todo el poder y la majestad de Dios, escoges estar con tu creación e incluso servirnos. No podemos comprender tu amor, misericordia y gracia.

Cuando se trate de liderar a mi familia o a otros, por favor recuérdame esta escritura. Dame el corazón de un líder que sirve. Humilla mi espíritu para que desee servir como tú serviste y liderar como tú lideraste.

Haz que tu humildad se derrame también sobre mis amigos y mi familia, y guíalos con tu ejemplo. No permitas que se enfoquen demasiado en sí mismos y sus deseos.

Gracias porque eres poderoso pero a la vez delicado con tu pueblo. Estoy agradecido de que te muestres a nosotros de maneras tan diferentes.

En el nombre de Jesús, amén.

249

Pastoreen el rebaño de Dios entre ustedes, velando por
él, no por obligación, sino voluntariamente, como quiere
Dios; no por la avaricia del dinero, sino con sincero
deseo; tampoco como teniendo señorío sobre los que les
han sido confiados, sino demostrando ser ejemplos del
rebaño. Y cuando aparezca el Príncipe de los pastores,
ustedes recibirán la corona inmarcesible de gloria.

1 PEDRO 5:2-4

Dios, tu justicia y tu amor echan fuera el temor y el pecado. Tus pensamientos y tu voluntad siempre son para nuestro bien. Tú eres el Padre perfecto y verdadero.

Quiero ser el miembro de la familia que tenías en mente cuando me creaste. Ayúdame a estudiar tu Palabra para poder amar a mi familia con cuidado y sabiduría. Líbrame de mis deseos egoístas y mis decisiones necias.

Dirige a mi familia y mis amigos en el transcurso de sus días. Mantén a tus ángeles cerca de ellos, y aviva sus corazones para que se amen los unos a los otros y sean bondadosos con los demás. Ayúdalos a apreciar sus abundantes bendiciones.

Gracias por enseñarme cómo amar a mi familia y mis amigos. Estoy agradecido porque tengo tu Palabra y tu Espíritu que me guían.

En tu nombre, amén.

250

Escogerás de entre todo el pueblo hombres capaces,
temerosos de Dios, hombres veraces que aborrezcan las
ganancias deshonestas, y los pondrás sobre el pueblo
como jefes de mil, de cien, de cincuenta y de diez.

ÉXODO 18:21

Padre celestial, me asombra cómo eres y cómo nos cuidas a todos. Cada día descubro algo nuevo por lo que adorarte.

Crea en mí el carácter que necesito para ser un líder. A menudo siento que no soy digno de mi trabajo y mis responsabilidades. Por favor, haz madurar mi carácter para que pueda liderar a aquellos que me rodean y ganarme su respeto. Enséñame a través de tu Palabra las lecciones que necesito aprender.

Permite que los principios de esta escritura se hagan realidad en nuestro entorno. Anima a nuestros líderes a perseguir tu carácter y tu voluntad. Cuídalos para que no sean influenciados por sus propios deseos, y enséñales tus caminos.

Gracias por escoger a aquellos que están a cargo y preparar sus corazones para el liderazgo.

En el nombre de Jesús, amén.

¿HAS LEÍDO ALGO BRILLANTE Y QUIERES CONTÁRSELO AL MUNDO?

Ayuda a otros lectores a encontrar este libro:

- Publica una reseña en nuestra página de Facebook @**GrupoNelson**

- Publica una foto en tu cuenta de redes sociales y comparte por qué te agradó.

- Manda un mensaje a un amigo a quien también le gustaría, o mejor, regálale una copia.

¡Déjanos una reseña si te gustó el libro! ¡Es una buena manera de ayudar a los autores y de mostrar tu aprecio!

Visítanos en **GrupoNelson.com** y síguenos en nuestras redes sociales.